别让会议控制你

EFFECTIVE MEETING SOLUTION

王玉荣 王君 ◎ 著

北京大学出版社
PEKING UNIVERSITY PRESS

图书在版编目(CIP)数据

别让会议控制你/王玉荣,王君著.—北京:北京大学出版社,2008.1

ISBN 978-7-301-12855-8

Ⅰ.别… Ⅱ.①王②王… Ⅲ.企业—会议—组织管理学 Ⅳ.F272.9

中国版本图书馆 CIP 数据核字（2008）第 160151 号

书　　　名：别让会议控制你

著作责任者：王玉荣　王君 著

责 任 编 辑：赵　易

标 准 书 号：ISBN 978-7-301-12855-8/F·1735

出 版 发 行：北京大学出版社

地　　　址：北京市海淀区成府路 205 号　100871

网　　　址：http://www.pup.cn

电　　　话：邮购部 62752015　　发行部 62750672

编辑部 82893506　　出版部 62754962

电 子 邮 箱：tbcbooks@vip.163.com

印　刷　者：北京嘉业印刷厂　　北京正合鼎业印刷技术有限公司

经　销　者：新华书店

787 毫米×1092 毫米　16 开本　14.5 印张　150 千字

2010 年 12 月第 1 版第 3 次印刷

定　　　价：39.00 元

未经许可，不得以任何方式复制或抄袭本书之部分或全部内容。

版权所有，侵权必究

举报电话：010－62752024；电子邮箱：fd@pup.pku.edu.cn

前言
为什么从"流程管理"到"和谐会议体系"

有些读者熟悉《流程管理》一书,因此,看到本书会问:和谐会议体系是流程管理以外的新领域吗?

答曰:非也。

我们帮助企业做流程梳理、设计、优化,时常碰到一个难题:流程的执行被干扰了。那么被什么干扰了呢?

◇ 各种临时的会议、各种临时的决策;

◇ 各种效率低下的会议、各种只看到局部利益的决策;

◇ 各种延期再延期的会议、各种彼此冲突的决策。

如下图所示,职业经理人之间见面的对话往往是:"忙什么呢?""忙着开会呢。"

因此,我们开始为"流程得以执行"营造一个环境——"和谐的会议体系"。

之所以是会议体系,说明不仅仅是关注"一个单独的会议怎么主持、怎么开好"。

之所以"和谐",说

"忙什么呢?——忙着开会呢",
已经是经理人的常见对话

明要管理各类会议之间的逻辑关系、前后关系、内容依附关系，还有报表和会议是否和谐、会议和流程是否和谐、会议和职责是否和谐等。

来吧，如果你是疲于开会的经理，如果你是对会议效率有抱怨的经理，如果你曾经经历书中人物欧阳、吴总所经历的场景，欢迎给作者来邮件：王玉荣女士luna.wang@AMT.com.cn；王君女士joanna.wang@AMT.com.cn。

最后，我们要鸣谢AMT的咨询客户：李宁集团、上海石化、温州红蜻蜓集团、深圳魏斯蒙、神威药业、万科集团，这些行业领先企业和AMT顾问共同在"企业经营分析体系提升"、"会议体系梳理与设计"、"报表体系盘点与看板设计"等方面的思考、探索、实践，是检验任何"管理观点"和"管理法则"的最终原则。

也感谢AMT咨询事业部的合伙人彭一先生、侯波经理、吴联银博士、孙燕斌博士、王军博士、姚予龙高级顾问、郭建荣高级顾问、莫琳高级顾问、徐志科顾问、梁建军顾问、赵静顾问、程荣斌顾问、AMT研究院贾文玉院长和张立峰研究员，他们的体会和在实践中对咨询方法论的发展，都推动着本书及后续的系列书籍不断成文、不断更新。

导读
从哪里开始读这本书

书中的人物欧阳苦恼于"会而不议,议而不决,决而不行,行而无果",他不知道怎么解决这些问题。

而管理咨询顾问在第一章中建议他,要保证"会议高效",必须两手同时抓,而且后一手更重要:

◇ 本书15%的笔墨着眼于"单个会议怎么开好",这往往属于个人技巧的问题;

◇ 本书85%的笔墨着眼于"会议和会议之间是什么关系、一个企业到底要开什么会、不开什么会、分别怎么开",这是一个系统部署的问题。

第二章是关于"快速补课15%"的内容,精要地介绍了"怎么开单个会议"的技巧,你可以快速翻到第二章开始阅读,迅速把握3M、罗氏等企业的开会技巧,并且做一套自测题,看看自己是否已经做到"扫天下"前先"扫一屋"。

而关于"扫天下"的能力,也就是"高效会议体系"的能力,就需要从大局着眼了。第三章中的"会议金字塔"把会议分成三大类(战略/经营/部门或者岗位间例会),给每位中高层管理者甚至骨干员工绘制了属于他们自己的"会议地图"。

很多经理人苦恼于"会而不议,议而不决,决而不行,行而无果"

因此，如果你想直接进入"扫天下"，就从第三章开始吧。

第四、五、六章请你对号入座：

◇ 如果你最关心"战略类"会议，也就是公司经营班子开的会议的议程、决策项、高效技巧，那么请直接翻到第四章；

◇ 第五章"经营类会议"，讲的都是新产品上市、采购、销售、研发、财务等这些职业经理人天天关心的事情；

◇ 第六章是一个"周期性例会"的示例，书中人物欧阳通过前面几章的思考、实践、创新、提升以后，工作成效逐渐展现出来。他意识到一个法则："一个企业的管理体系，要尽可能地按时间来触发，而不是靠突发事件来触发。"

◇ 如果你想纵览全局，从高层会议"龙头"的摆动，一直梳理到基层会议"龙尾"的执行，那么第四、五、六章中都有值得你阅读的内容。

会议理顺了，那么报表呢？一个新的问题冰山在第七章中浮现出来。欧阳意识到诸多问题的解决其实都是有关联的，他还要继续努力。

我想，不仅是欧阳，还有拿起这本书的"你"，都曾为如何开会而苦恼过。让我们为提高一个单位的"系统能力"、"组织能力"、"整体效率"，一起不懈努力，而不是仅仅关注于"职业经理人的个人技能"、"各级人员的个人执行力"。

CONTENTS 目录

1　前言　为什么从"流程管理"到"和谐会议体系"
3　导读　从哪里开始读这本书

第一章
"忙什么呢？——忙着开会呢"

在本章的场景中，我们会认识主人公：年富力强的市场总监欧阳，还有他年轻伶俐的助理艾小莉。欧阳下周大概有十多个会议要参加，他看着密密麻麻的日程表，说不出是厌恶，还是无奈。

4　开会普遍存在的六种抱怨
9　50%的美国上班族开会浪费时间
10　单一会议的开会技巧，至多解决15%的问题
12　单一会议：会议体系 = 15%：85%
14　自测题：您的企业开会花了多少钱

第二章
先做好15%：怎样开好单一的会议

欧阳得知自己一直被蒙在鼓里：他的下属为了"逃会"，居然用上了高科技手段。欧阳决心要好好训斥这几个手下，结果，自己却被尖锐地反问。

21	八家国外知名企业怎么开会
27	从五大步骤看一次会议的全貌
28	开好单一会议的"四项基本原则"之一：无目标不开会
30	开好单一会议的"四项基本原则"之二：无议程模板不开会
33	开好单一会议的"四项基本原则"之三：无会前充分准备不开会
35	开好单一会议的"四项基本原则"之四：无会中决策流程不开会
38	经典案例：A 公司经营绩效检讨会议制度
43	自测题：我是一个擅长开会的人吗

第三章
从"会议金字塔"到"会议地图"

欧阳在会议室里贴出了标语:"进来请说实话、短话、说话算话;出去请行动、互动、说动就动。"可是,会议的效率问题还是没有得到根本解决,一深究,他发现会议效率是个系统问题:"老总龙头一乱摆,下属龙尾跑断腿。"

52	什么是会议金字塔
60	CEO与营销总监的"会议地图"
64	七步制作"会议地图"
70	会议时间分布的六个考虑要素
72	经典案例:B企业从单品牌向多品牌经营转型中的会议体系建设
85	自测题:帮这家"战士型企业"梳理会议

第四章
金字塔第一层：和老总谈战略类会议

　　欧阳决心和公司总经理进行沟通。吴总把他约在了马勒别墅的咖啡厅。欧阳早早打好了腹稿，写了一张小纸条攥在手里："举手。5000。呼吸。吃饭。85%。15%。"

93	战略流程→决策项→会议
99	集团型企业的战略类会议
102	杰克·韦尔奇关注的六种、十次会议
110	经典案例：外资企业C如何打造"制造＋贸易型企业"的会议体系
118	自测题：读哲理故事并回答问题

第五章
金字塔第二层：让运营类会议成为发动机

　　对于中层经理来说，对开会有哪些抱怨和期望呢？欧阳做了一次调查，结果他收到了一封十万火急的"鸡毛信"。

127	运营主线→决策点→会议
133	部门间开会吵架怎么办：运营类会议三种冲突场景
146	日产等企业的高效运营会议实践
147	经典案例：如何用IT系统来支撑运营类会议
161	自测题：请你帮这家公司走出会议困境

第六章
金字塔第三层：标准化的例会

　　这个"会议盘点和梳理"的改进项目在不断推进，作为项目小组的成员，欧阳、李标、刘静、艾小莉还有吴总经理，碰头召开了一次例会，会上，他们用到一种"有魔力的黄色小纸条"。

181	如何提高例会效率：六项思考帽的技巧
188	标准化的例会：让企业稳定下来，积淀优秀元素
190	经典案例：W 公司的 ERP 项目例会制度

第七章
从会议到报表

　　场景故事还没有结束，一个"表哥"的外号开始流传，又有人犯了愁。

205	关于报表的"一声叹息"
208	自测题：你是否系统思考过"报表"的十个问题

第一章 "忙什么呢？
——忙着开会呢"

十五楼的办公室里,欧阳手里拿着一份日程表,不由得产生了厌烦的情绪。

下周一共有八个会要他参加,而他知道,真要到了下周,肯定又会多五六个临时安排的会。

"文山会海害死人啊。"欧阳想起一年前,他让经理助理艾小莉给他设计这张日程表时的情景。

当时,他是给艾小莉这么交代的:"把每个月的日历画出来,每天是一个格子,一个月也就是30个左右的格子,在整页A4纸的最上面,把我的TITLE(职位)和姓名写上。每天,你要及时把我的待办事项,填写到对应的格子里去。这个表格对于时间管理是很有效的,一共填写两份,你拿一份备查,再给我一份。这样,我就一目了然了。我分析哪些是重要的事情,哪些是紧急的事情,以便提前做好充分准备。"

而现在,欧阳看着这张"市场总监欧阳的日历表",不由苦笑起来:"密密麻麻的一页A4纸,还时间管理呢,这都快写满了,哪件事不是重要而且紧迫的?"

他记得,当时自己还让艾小莉买了一支红色荧光笔用来打"√"。每当欧阳回顾这个表格的时候,一旦发现某事项已经完全办理好,那么,就在这个格子里打一个"√",表示"做完"这种状态,如图1-1所示。

图1-1
市场总监
欧阳的日
历表

如果能看到一连串红色的"√",那心情自然是超爽的。但实际情况如何呢?上周,甚至一个月以来,这个会那个会是开了不少,但没有一件事情是能最后落实办妥的:

◇ 上上周的这个会，要等研发总监和几个研发经理再议一下。

◇ 上周五的这个会，吴总也在，自然，大家都不溜号了。30多位中层管理者都在，从上午8点就开会，一直开到晚上9点多。可是销售总监提交的方案还是被批为"不成熟"，还要回去完善，这已经是第四稿了。而销售总监私下说："我根本就摸不透老板到底是什么意思，让我把方案往哪个方向改。"

◇ 昨天，财务总监和采购总监在会上差点动手。也难怪，本来开会是议论"降低成本1%"这事儿，可财务总监一句"我觉得成本水分主要是在采购"，就让采购总监当场跳起来了。唉，两个人"摆事实"，"讲道理"，针锋相对，"不亦乐乎"。会上最后是否确定了"降低成本的行动方案"？——欧阳实在回忆不起来。

"一个红'✓'都没有！"欧阳心想，"索性把这些烦心事抛在一边，这个周末先散散心吧，约几个酒友出来聚聚。"短短几分钟内，欧阳的手机"滴滴"响了好几次，他发出的邀约短信都有回复了。"真不愧是死党"，欧阳心中暗自得意地说，然后打开"您收到的短信"：

"抱歉，我们老总刚从国外回来，这个周末保不准要开两天的会。"

"正忙着开会呢……稍候再给老兄你回复。"

"我们正做一个管理咨询项目，得把会议和报表体系好好整理一下，忙过这阵我就有时间了，那时再找老兄你要酒喝。回头介绍几位专业的咨询顾问让你认识一下。"

"orz，周六周日都有会，今天刚通知的。"

Orz？什么意思？欧阳想了片刻，才回过味来。这是最近网络上最热门的象形文字，orz三个字母整体看上去像一个跪斜的人形，o是头，r是躯体，z是跪倒的腿，就是"一个人头朝左匍匐跪倒"的形状，表示"严重无可奈何"的意思。

哼，欧阳索性一把关掉了手机：orz！

开会普遍存在的六种抱怨

没错，欧阳所碰到的这些问题，并不是他自己才会遇到，而是他的那些无暇聚会的酒友、不少企业经理人，也包括事业单位的很多骨干人员，所共同面临的普遍问题。图1-2是一

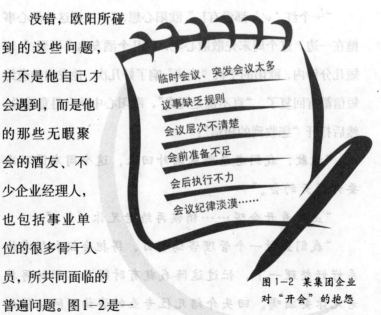

图1-2 某集团企业对"开会"的抱怨

份真实的调研记录，记录的是深圳某家电企业集团对"开会"的抱怨，其实这是普遍存在的一种现象。

各位读者，你的企业是否也存在会议效率整体低下的问题呢？你也曾经为以下问题苦恼吗？请在表1-1第二列的对应选项打"√"，并根据表格后的指示来计算分数。

表1-1 会议效率测试表

请阅读以下八个测试项目	根据你所在企业的情况打"√"
① 公司已进行过个人沟通技巧的培训，但是开起会来，还是争吵不休，问题出在什么地方？个人沟通技巧失效了吗？怎样建立不依赖于个人自觉性的组织沟通管理？	□ A．这种情况比较普遍、也比较严重，这些问题是我们想解决的。 □ B．这种情况偶尔出现。 □ C．根本不存在这类问题，这些问题对我们来说也根本没有解决的价值。
② 某项决策可能涉及很多人，但是大家的角色不明确，到了会议上讨论，谁拍板，谁提供信息，谁有否决权，没有个说法，怎么提高决策的效率？	□ A．这种情况比较普遍、也比较严重，这些问题是我们想解决的。 □ B．这种情况偶尔出现。 □ C．根本不存在这类问题，这些问题对我们来说也根本没有解决的价值。

③	我们集团尽管也有会议管理的制度，每次开会总结上期情况，布置下期任务。但是总觉得对实际工作的帮助有限，有很多问题在实际工作中就解决了，就效率来说，比到会议上说效率更高。	☐ A．这种情况比较普遍、也比较严重，这些问题是我们想解决的。 ☐ B．这种情况偶尔出现。 ☐ C．根本不存在这类问题，这些问题对我们来说也根本没有解决的价值。
④	我们集团每月都有高级别的管理会议，但是领导认为每次会议的内容跟战略的制定缺乏联系，跟具体的工作也脱节。	☐ A．这种情况比较普遍、也比较严重，这些问题是我们想解决的。 ☐ B．这种情况偶尔出现。 ☐ C．根本不存在这类问题，这些问题对我们来说也根本没有解决的价值。
⑤	战略制定完了，如何在日常运营和操作中，体现战略意图？如何通过开会来推进战略的执行？	☐ A．这种情况比较普遍、也比较严重，这些问题是我们想解决的。 ☐ B．这种情况偶尔出现。 ☐ C．根本不存在这类问题，这些问题对我们来说也根本没有解决的价值。

⑥	高管人员的时间很宝贵，本来会议已经很多了，而临时的、突发的会议更多，会议管理无序。	☐ A．这种情况比较普遍、也比较严重，这些问题是我们想解决的。 ☐ B．这种情况偶尔出现。 ☐ C．根本不存在这类问题，这些问题对我们来说也根本没有解决的价值。
⑦	过去，我们企业没有报表，做事凭感觉。现在企业规范了，强调用数据说话，通过各种报表和报告向上级汇报情况。但是各个部门虽然报表满天飞，实际的信息传递效率却很低。	☐ A．这种情况比较普遍、也比较严重，这些问题是我们想解决的。 ☐ B．这种情况偶尔出现。 ☐ C．根本不存在这类问题，这些问题对我们来说也根本没有解决的价值。
⑧	我们集团讨论问题的时候，总是到会议上才开始思考，准备工作不足，如何帮助决策者提前做好准备？	☐ A．这种情况比较普遍、也比较严重，这些问题是我们想解决的。 ☐ B．这种情况偶尔出现。 ☐ C．根本不存在这类问题，这些问题对我们来说也根本没有解决的价值。

每个"√"中的A，按5分纳入积分；B，按2分纳入积分；C，按0分纳入积分。你的总分是：_____

如果总分是在0～9分，☺，恭喜您，贵单位的会议整体来说是高效的、有序的。欢迎把宝贵经验告诉我们，我们在征得您的同意后将把这些经验吸收入本书的修订版。✉：luna.wang@AMT.com.cn。

如果总分是10～19分，☺，请适当提高警惕，您所在的单位已经存在一些会议低效的现象，虽然有抱怨的同事还不多，但很有可能人数会快速增长，会有越来越多的人希望提高整个组织的沟通能力、提高会议的整体效率和单个会议的效率。建议您防微杜渐，与那些对会议效率有抱怨的同事共同学习本书。

如果总分是20～40分，☹，那么请您注意，问题已经比较迫切和严重了。如果能够解决这些问题，那么将会节省更多的时间、节约更多的精力、更好地控制成本、更加高效地进行决策（请阅读本章结尾的"您的企业开会花了多少钱"）。更重要的是，您是否发现经理人中很久以来都有一种消极奔波、越忙越乱的负面情绪？再这样继续下去，估计他们要爆发或者患抑郁症了。如何扫荡这种负面情绪，让经理人重新灿烂起来、让整个企业的活力重新散发出来？

建议您仔细阅读本书，和欧阳一起经历本书七个章节的心路历程。别忘了，做好足够的眉批以后，与您的领导、同事分享本书，这会是一份与他们产生共鸣的好礼物。

50%的美国上班族开会浪费时间

图1-3是一份对美国上班族的调查（其中的数字请预估一下，答案见图后文字）：

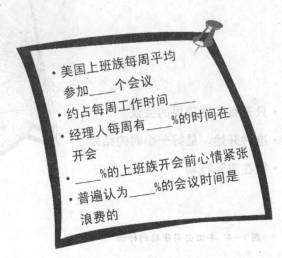

图1-3 美国经理人"开会"效率调查

（调查结果是：10；1-1.5天；50%；57%；50%）

日本的很多企业也曾经为会议的效率低下而苦恼，结果不得不启动"会议革命"，典型的举措有：

◇ 砍掉不必要的会议；

◇ 排除不需参加会议的主管；

◇ 强调准时开始、准时结束；
◇ 重视会议结论；
◇ 提高会议生产力，强化企业竞争力。

丰田公司为了达到"节省成本、加快决策速度、更有创意"的会议目的，办公室里张贴有如图 1-4 所示的标语：

- 只开有实际效果的会议
- 准时开始，最好一小时内结束
- 重在实际行动

图 1-4 丰田公司张贴的标语

单一会议的开会技巧，至多解决 15% 的问题

坊间有很多关于"高效会议"之类的培训，都是关于"一个单独的会议如何开好的"，侧重于介绍会议的技巧和起承转

合,甚至是如何避免跑题。

而我们说,开会不仅是一个主持人的语言技巧问题,也不是单一会议的会议议程要清晰的问题,而是要区分"一个单独的会议"和"会议体系"。

举例来说,国内某知名房地产公司(简称W公司)的效率和效益在国内都属于行业领先。但他们和东京的同行东京建屋做了对比,结果发现自己的效率只是人家的二十分之一:自己是300个人做10个楼盘,东京建屋是60个人做40个楼盘。

东京的房地产企业为什么能做到?是因为日本人比中国人厉害?W公司当然不认同这个答案。但日本同行的确是有窍门的,如图1-5所示:

- 针对每个楼盘,标准化地开八个会
- 会议的产出、与会人、议程非常明确
- 会议召开的时间先后关系、触发条件非常明确

图1-5 东京建屋为什么效率那么高?

而 W 公司，每个楼盘也许都要开会，但每个楼盘开的会不一样多，而且一忙就不开会了；不开会了，结果更忙了。

这个例子说明的是：把会开好，不是单一会议的问题，而是会议体系设计的问题。首先要回答"开哪些会、不开哪些会、每个会的目的是什么"，然后才是"怎么把每个会开好"的问题。

单一会议：会议体系 = 15%：85%

无独有偶，W 公司还有一个例子。W 公司到美国标杆企业学习，学到了一个重要的经验：七对眼睛。即把楼盘策划中非常复杂的一种会议——"综合可行性分析会议"，简化为"七对眼睛"来各司其职，从七个视角来分别逐条审视"这个楼盘到底是否可行"，而不是在会上吵做一团。

这个例子说明的是：哪怕把一个单独的会议开好，也不是一个个人技巧的问题、口才的问题，而是一个决策项设计（如图1-6）、决策流程、决策制度、决策角色、决策清单的设计问题。

这也许有点像"扫一屋"和"扫天下"之间的关系。

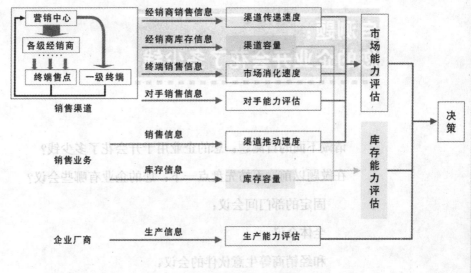

图1-6 企业中有大量的决策项

要讨论"和谐高效的会议体系",当然要把一个单独的会议开好——所谓"一屋不扫,何以扫天下",就是说的这个意思。

但是,我们在为客户提供"企业经营分析体系提升"、"会议体系梳理与设计"等咨询的时候,强烈感受到,把"一个单独的会议开好",权重至多为15%,而会议体系则是85%。

这里的15%与85%,是借鉴了美国质量管理大师戴明的一句话:

100个问题中,只有15个是由于岗位个体原因造成的,85%的原因都是体系问题和结构问题。

因此,在以下的章节中,我们将逐渐从"一屋"谈起,和欧阳一起学习或者温习"扫一屋"的体会和经验,但最终,我们要谈到重要的85%,即"会议体系如何扫天下"。

自测题：
您的企业开会花了多少钱

请做下面的自测题：您的企业用于开会花了多少钱？

在做题以前，不妨先盘点一下：您的企业有哪些会议？

◇ 固定的部门间会议；

◇ 全体会议；

◇ 和经销商等生意伙伴的会议；

◇ 处理突发事件的会议；

……

请先凭直觉不假思索地预估一下，您所在的企业／事业单位，全年的会议成本是 _____ 元。

您认为，如果要具体计算一下，一次会议的成本应该包括以下哪些选项：_____

（1）会议的时间成本＝参会者的平均日薪×参会者人数×（会前准备时间＋差旅时间＋正式会议时间）＋会议组织／协调／服务人员的平均日薪×人数×投入会议的全程时间

（2）会议的直接成本＝场地费＋差旅费＋食宿费＋文件制作费

（3）效率损失成本＝与会人员为了参会而离开自己工作岗位，从而不能直接从事增值活动所带来的损失＝Σ（各类与

会人员在自己的工作岗位上满负荷工作所能带来的直接经营创收×各类人员人数）

因此，请您再次估算一下：

您所在的企业／事业单位，一次为期两天的经营决策班子参加的大会，会议成本是_____元。

您所在的企业／事业单位，最昂贵的会议，应该是哪个会议：_____

您所在的企业／事业单位，一年有_____个会议（可以粗略估算，估算的思路大体合理即可），会议成本_____元。

图1-7　"开会花了多少钱？——超过三个亿。"

如图1-7所示，开会花了超过三个亿，这是南方某集团企业给出的答案。

会计在自己的工作岗位上简单地将工作思路带来的直接结果

例如：名类人员人数

因此，你能再次估算一下：

您所在的企业/事业单位，一次为期两天的经营决策

上参加的大会，会议成本基 _____ 元。

您所在的企业/事业单位，最昂贵的会议，应该是哪个

会议：_____

您所在的企业/事业单位，一年有 _____ 个会议（可

以根据估算，假设大体合理即可），会议成本

_____ 元。

图 1-7 "办会成本大户头"——"省出三个亿"。

如图 1-7 所示，开会化下能进三个亿，这是南方某地因

企业给出的答案。

第二章

**先做好15%：
怎样开好单一的会议**

"会议体系？"欧阳觉得有点抽象，尽管他从朋友介绍的管理咨询顾问那里，刚刚模模糊糊地了解到"高效会议法则"。

"我还是先抓眼前的事情，把那些逃会的家伙给抓回来再说吧。"

"逃会"，是艾小莉汇报给他的一个小秘密。在这之前，他一直被蒙在鼓里。

原来，欧阳的几位下属，有分管广告的、分管促销策划的、分管定价的、分管细分市场统计分析的。这几个家伙手机上申请了一个"定时闪"功能，开会最烦的时候就能收到假装的"来电"，然后，堂而皇之地就从欧阳眼皮底下开溜了！

"这不是挑战我的权威吗？"欧阳让艾小莉把这几个"诈骗犯"都给揪来，心想，"这样下去，不整顿还得了吗，欺上瞒下都已经用了高科技了。"

静悄悄的会议室，气氛相当沉重，几位年轻人自知理亏，不时用眼角扫着欧阳的脸色。

"我还是先招了吧。这个'定时闪'是我告诉他们几个的。"分管市场统计分析的李标经理先说话了，"我自己是在一个有名的白领论坛上看到这个'定时闪'广告的。详细一看，操作也不难，就按这个格式：（姓名）－你的电话号码－来电时刻－20字以内的来电内容，写条短信发到这个定时闪的服务网站就行了。所以，我、我就以身试法了。"

"还有专门帮助逃会的服务？"——欧阳不禁脱口而出。

负责促销策划的刘静经理心想，也争取"坦白从宽"吧，就接了腔:"有啊,听说还生意火暴呢,申请这个服务的白领多得不得了。其实,有的人自己手机功能多,自己设定手机闹钟也能假装来电,但不如真人打电话进来装得像。那边的真人怎么说,都是你自己在短信里早先交代好了,所以效果当然就不错了。一边接听、一边往会议室外面走,我用了好几次,都没有人发现……"

"行了,"欧阳打断她,"再说你还来劲了呢,别介绍你们的馊主意了,说说,干吗要逃会,谈实质问题。"

令欧阳没想到的是,他这一问,片刻的沉默后迎来了爆发,几位经理的话匣子一旦打开,抱怨扑面而来:

"实话实说吧,咱们的会太无聊了,每次讨论问题,都会归结到市场部和销售部的职能分工不清,说公司整体关注短期效益,销售部一直挤压咱们,除了咱们部门吆喝要做营销、做品牌、做长期,其他人都盯着碗里的饭,没有人盯着田里的庄稼。可是,说这些又有什么用呢,每次开会到最后,都是对这种状况长吁短叹,该谈论的具体事情呢?好多都给忘到爪哇国去了……"

"我这里搞广告,每次把广告承包伙伴找来开会,他回头都抱怨我,说咱们会上光挑战他,可咱们自己的需求几乎每次都表达不清楚,好多人临到会上只有一些模糊的点子,每个人想法还不一样,灵机一动的点子还一会一个,发言的嘴杂、有条理的人少,这让人家怎么执行,怎么和咱们有效率地配合啊……"

"我就说说上次咱们的跑题吧。本来是说我那份定价调整方案的,后来就一路脚踩西瓜皮,从竞争对手的价格溜到竞争对手的产品研发有优势、溜到竞争对手刚挖了一个牛人来做研发总监、溜到咱们公司也要找猎头来挖牛人,最后中午饭都错过了,也没有见讨论出来个什么结果……"

"唉,恶性循环,而且是越来越加剧了,开会没意思、没效果,所以咱们部门通知其他部门来参与的一些会,他们也不积极,老迟到,早到的人一看,早到反而还要等着,这不吃亏吗?下次也不早到了。结果,迟到的人越来越多,开会两个小时,等人要30分钟。"

"你说的没错,迟到这种事啊,我参加的那个MBA班还有个概念专门讲呢,叫什么'劣币驱逐良币'。好像是'货币银行学'老师说的,说古代的人用铸币,不是我们今天的纸币钞票,有些钱币用得多,就被磨损得分量不足了。结果好多人觉得,分量不足但价值没减少啊,一样可以到市场上换价值同等的东西啊,所以这些人就特别搜集这种劣币,甚至把分量十足的良币都磨掉一些再用,磨掉的粉末渣子还能偷偷找人做散碎银子呢。市场上流通的不合格铸币就越来越多了。这就是劣币驱逐良币了。咱们开会呢,嘻嘻,是迟到的驱逐早到的。"

欧阳说:"你们各说各的,我还一肚子怨气呢,会上说好要干的事情,会后就打折扣了,干了没有?干得怎么样?我老是眼前一抹黑啊。下次开会一检查,借口总是比结果多……"

"老大,你也不是每次都检查啊,"刚才被欧阳抢白的刘静"以其人之道还治其人之身",这次是她掐了欧阳的话头,"每次开会的议程能不能标准化一下啊,不能有的时候检查上次会议决议的执行情况、有的时候就不检查。我看啊,老大,咱们是不是老埋头工作，在各自专业上都清楚，但在开会方面，其实都挺外行的……"

刘静的一番话让大家安静下来，都暗自心想："我自己会开会吗？这几个同事会开会吗？这个头儿欧阳擅长开会吗？"

八家国外知名企业怎么开会

3M公司：控制会议人数

在3M公司（他们有个著名的产品是黄色有黏性的方块纸：报时帖，不知道这个绝好的创意来自哪次会议），各类会议强调控制会议人数，控制那些"无关人士"不要来开会。如图2-1所示，就是3M公司开会的经验。

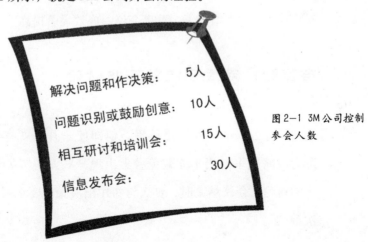

图2-1 3M公司控制参会人数

荷兰银行：运营、战略议题分别讨论

我们都知道，高层会议除了解决日常运营问题，更重要的是针对企业战略进行决策。然而事实如何呢？许多高层会议的议程常常会被日常运营问题"淹没"，而留给重大战略的讨论时间非常少。

与大多数公司一样，20世纪90年代初，荷兰银行董事会的大部分时间都是用来审查贷款和讨论日常运营的，而花在战略讨论和资源配置决策上的时间少得可怜。

怎样才能做到运营和战略两不误呢？2000年5月，胡宁克出任该行董事长，对会议进行了改革。

改进前：按照惯例，荷兰银行每周召开两次董事会，每次三小时，全都是讨论运营问题。

改进后：每周开一次讨论运营的会议，然后每月花一整天讨论战略问题，制定重大的资源配置计划。

效果：总的会议时间比原来减少了，而董事会讨论战略议题的时间却大大增加了，董事会议的成效显著提高。

吉百利：专注于决策而非讨论

高管会议的时间弥足珍贵，但即便一开始就将会议确定为战略决策，仍不能避免会上出现一些无关紧要却无休止的讨论。会议结束时，要么匆匆作出决策，要么就是"下次继续"。

英国糖果和饮料业巨头吉百利史威士公司，在这个方面为我们提供了借鉴。该公司的首席执行委员会（简称CEC）每年都要组织召开六次会议，专门讨论重要的战略和组织议题。

为了避免无休止地讨论程序，吉百利公司从1997年起，规定每次CEC会议的前五天，所有的阅读材料就要到参会者手中，让他们在会议前就能充分仔细审阅材料，熟悉重要的战略议题，从而在会议上快速作出高质量的决策。

同时，该公司还没有忽略这样一个细节：在阅读材料上附上一张标准封面，在每一个议题旁边都标明，该议题是作为分享信息，还是作为讨论的议题需要行动和作出决策。

这样一来，参会者就很清楚，在会上他们可以将标有"仅用于信息分享"的议题"拿到会议外去讨论"，而为"行动和决策"的议题留下更多的时间。

罗氏公司：先弄清楚议题的真正价值

也许你面前正摆着五项议题，而解决其中一项所能创造的价值比解决其他四项所能创造的价值还要多20倍。这时候，你不应该再有犹豫。

但问题是，会议中各个议题的重要性很少能分得如此明确，这样就有可能导致高层会议郑重其事地讨论着一些无足轻重的议题，而那些对企业发展至关重要的议题却被"扔"到了中低层会议上。

对此，罗氏公司 CEO 弗朗兹·休谟创建了一个"决策议程"，列举了公司面临的十个最重要的机遇和问题，并将每项议程的"风险值"，也就是每项议题对公司长期发展的影响加以量化，最终使公司把会议的一大半时间花在那些重要的议程上。

卡地纳健康公司：尽快将议题划掉

议程确定以后，就要尽快将议题从议程上划掉。所谓划掉议题，就是以明确的方式，在规定的时间内将这些议题一一解决掉。

卡地纳健康公司的创始人和 CEO 鲍勃·沃尔特，就是这种模式的积极拥护者。在他看来，拖延就是对议题的否定，而且是"一种最差劲的否定"。

在卡地纳公司，管理者心中都有一份"决策时间表"，每个管理者都清楚地知道这项决策必须何时作出，每个人都确保能根据自己的时间表作出决策。沃尔特同样也有自己的"决策时间表"，并认真对待，确保自己能在规定的时间内作出决策，然后将议题从议程中划掉。

劳埃德 TSB 银行：有三种不同的备选方案

对于管理层来说，在对战略进行讨论或审批前，如果能有三个以上不同的方案备选，且这些方案之间有真正的本质上的不同,则更有可能选择到更合适的方法。但事实上,能真正做到有多个可行性方案备选的企业并不多见。

劳埃德 TSB 银行的前董事长布赖恩·皮特曼就曾采用这一模式来实现业绩突破。每次在批准银行的每项业务战略前,他总是坚持要收到三种备选方案。

"如果想对你要接受的东西有把握,你就必须弄清你要拒绝的是什么。"布赖恩说,"总会有更好的战略,只不过我们还没想到罢了。"

巴克莱银行:采取通用的流程与标准

一些公司的管理层常常有这样的困惑:在决策中,很难做到质量和速度"两全",往往为了追求一方,一不小心就把另外一方丢了。

但如果管理者能在同一时间一并考虑多项议题,那么虽然单项议题决策的速度不能加快,但总的决策速度必定会大大提高。要能做到这一点,巴克莱银行 CEO 曼金斯认为,前提是公司在制定决策时都使用通用的语言、方法和标准。

就巴克莱银行而言,其总裁巴雷特坚信,公司业绩的提高主要归功于决策质量和速度的"齐头并进"。这种"齐头并进"的前提,就是所有的战略决策都要经过三项检验,并且这三项检验必须得到公司上下的充分理解。

这就意味着,这些决策必须使用统一的标准——通用的语言和决策方法。

加拿大铝业：将决策贯彻到底

决策已经在高层会议上通过了，可是问题并没有结束。有些当时讨论得热火朝天的决策并没有在公司得到贯彻落实，可能是需要重新解读，也可能是受到暗中抵制——高层会议的效率又变低下了。

为了避免决策"流产"，加拿大铝业、巴克莱银行、荷兰银行等公司，都想出了一个绝妙的点子：将资源配置与战略审批联系在一起。

在做出战略规划后，立即签订一份正式的绩效合同，在合同中明确指出了执行战略所需的资源（时间、人才和资金）以及管理层允诺实现的财务目标。这样一来，一旦领导层发现执行战略所需的资源和预期结果尚不明确时，可以拒绝批准，从而敦促这些结果明确起来；另外，绩效合同实际上更像一个跟踪体系，一旦发现某部门未能达到预期的绩效水平，则这些"问题战略"就有可能在高层会议上"回炉"。

注：以上八个小例子摘自哈佛《商业评论》2004年10月号　迈克尔·曼金斯 (Michael C. Mankins)

从五大步骤看一次会议的全貌

一次高效的会议，需要有技巧的组织人、有技巧的参会者，二者缺一不可，否则，就会一个巴掌拍不响了。

表2-1总结了两者在会议五大步骤中分别担当的职责，当然，所有这类"N大步骤"的总结都是见仁见智的，每个开过会的人都有自己的总结。无论如何，这些前人的总结，如果成为"铁的纪律"，为所有开会的人所遵守，成为"高效的会议文化"，那么对于参加会议的人还是有很大参考价值的。

表2-1 会议五大步骤："组织者"和"参会者"分别担当的职责与需要掌握的技巧

	会前准备	会议开始	会议进行	会议总结	追踪执行
组织者	○确定会议目标和希望达成的结果 ○决定是否召开会议 ○准备背景资料 ○确定会议日程 ○邀请适当的出席者 ○准备场地，保障会议顺利开始	○宣布会议目标、主题、讨论日程 ○确定会议记录人员 ○营造积极沟通的气氛	○按照日程进行讨论，防止偏离主题 ○积极启发、引导，把握讨论方向 ○处理冷场和冲突	○根据会议纪要和个人发言进行总结 ○形成决议和待议开放问题 ○提出行动计划	○监督会议决议的执行并及时控制 ○追踪待议问题

第二章 先做好15%：怎样开好单一的会议

(续表)

	会前准备	会议开始	会议进行	会议总结	追踪执行
参会者	○ 根据会议主题和日程进行准备 ○ 按时出席会议	○ 理解会议目标、主题、讨论日程 ○ 积极思考，准备沟通	○ 主动思考问题，积极表达看法 ○ 鼓励他人发言，仔细倾听他人发言	○ 总结补充	○ 执行会议决议并及时反馈 ○ 继续思考待议问题

开好单一会议的"四项基本原则"之一：无目标不开会

下面四个小节的内容，我们合并称为"开好单一会议的四项基本原则"，如图2-2所示，会议目标、议程模板、会前充分准备、会中决策流程，四者缺一不可，否则会议高效难以保障。

开好单一会议最重要的是什么？是不是来开会的人都准备不足、没有带脑子和嘴巴来？因此要敦促每个来开会的人做好充分准备吗？——显然不是！

是会议的目标不明确！

连会议的目标都不明确，就遑论会前准备了——让参加会议的人围绕什么来讨论呢?

　　因此，会议的组织者或主持人一定要多问自己为什么开会。请读者注意，其实这已经延伸到"会议体系"的"扫天下"的问题了，如果已经做好了会议地图（我们在第三章会谈到），即明确了哪些会要开、哪些不开、要开的那些会议的目的是什么，那么"扫一屋"的时候执行就好了，不必再为这次会议的目的是什么而感到烦躁了。

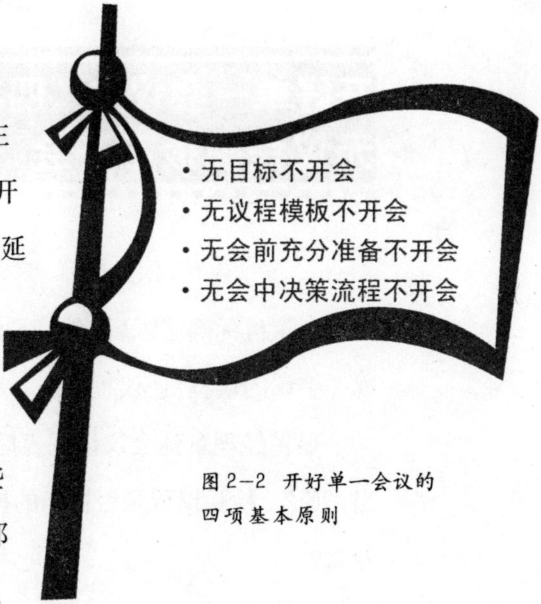

- 无目标不开会
- 无议程模板不开会
- 无会前充分准备不开会
- 无会中决策流程不开会

图2-2　开好单一会议的四项基本原则

　　如果暂时不谈会议体系，关于"会议目标明晰"，还是有一些速效的小技巧的：

　　◇　制定会议通知模板，"会议目标"应是必写内容，如不写就可以不参加。

　　◇　为了提示会议发起者不要动辄发起一些花钱多办事少的会议，可以制定一个制度，即在会议通知上写清楚本次会议的成本。

　　◇　取消不必要的会议，从而提高会议的目的性。可选的办法有：寻找可替代途径，通过电话、邮件而不是会议来咨商；会议合并；偶尔取消一两次试试；取消不必要的例会，甚至所有例会，将议程合并到急需时才开；所有多少人以上的会议，都需要上级批准……

开好单一会议的"四项基本原则"之二：无议程模板不开会

会议目标确定以后，然后是议程的问题。一般企业都很重视"会议的议程"：议程表。

很多经理拿到会议议程表后，都批评事前公布的议程不当，那么，检验议程是否得当的标准是什么？其唯一的标准是什么？

是根据目标来确定议题，根据议题的重要性排定先后次

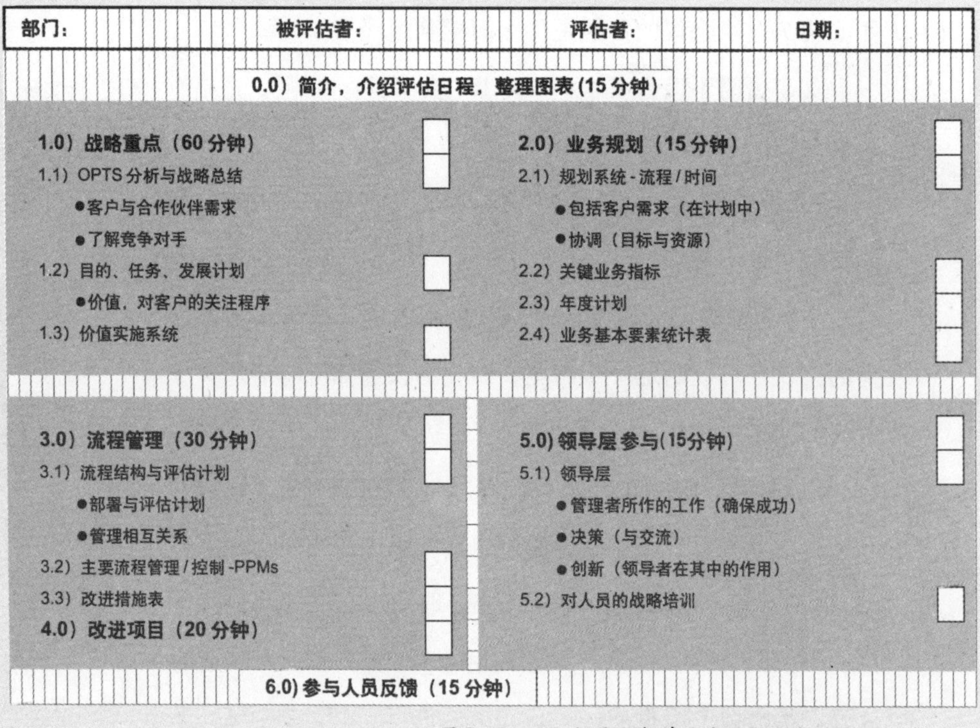

部门：	被评估者：	评估者：	日期：

0.0) 简介，介绍评估日程，整理图表(15分钟)

1.0) 战略重点（60分钟）
1.1) OPTS分析与战略总结
  ● 客户与合作伙伴需求
  ● 了解竞争对手
1.2) 目的、任务、发展计划
  ● 价值，对客户的关注程序
1.3) 价值实施系统

2.0) 业务规划（15分钟）
2.1) 规划系统-流程/时间
  ● 包括客户需求（在计划中）
  ● 协调（目标与资源）
2.2) 关键业务指标
2.3) 年度计划
2.4) 业务基本要素统计表

3.0) 流程管理（30分钟）
3.1) 流程结构与评估计划
  ● 部署与评估计划
  ● 管理相互关系
3.2) 主要流程管理/控制-PPMs
3.3) 改进措施表
4.0) 改进项目（20分钟）

5.0) 领导层参与(15分钟)
5.1) 领导层
  ● 管理者所作的工作（确保成功）
  ● 决策（与交流）
  ● 创新（领导者在其中的作用）
5.2) 对人员的战略培训

6.0) 参与人员反馈（15分钟）

图2-3　HP公司业务单元战略评审会的议程

序和时间分布。图2-3是HP公司业务单元战略评审会的一个议程，供读者参考。

从这个例子，我们可以看出，单个会议要做到紧密围绕"议程"，而不是以"跑题"、"老总训话"或"部门扯皮、议而不决"为中心，就一定要把议程做成模板，使之标准化，并坚决执行，持续改进这个模板。

议程的标准模板是什么？和一份临时起草的、口头通知的、拍脑袋决定的、会上开到哪儿算哪儿的会议议程有什么不同？

◇ 它是对以往会议经验与教训的沉淀；
◇ 它是对会议目标的树形分解；
◇ 它是对会议各个议题的重要性的取舍和排列；
◇ 它是对会议各段时间的约束和提醒；
◇ 它把会前准备的颗粒度变小、变细，从而使得真正的会前准备成为可能。

以某企业的年度战略规划质询会为例，即高层领导通过年度战略规划质询会对各单元的战略规划进行集体质询，我们看这个会议的安排，如图2-4所示：

会议目的：
- 为公司年度最重要的管理会议，对各业务群及下属业务单元的战略规划进行质询，提出修改意见，以确保其严谨性及可行性

参加人员：
- 总裁，公司战略规划、财务、人力资源、副总裁，各业务群副总裁及各业务群下属业务单元总经理（只在质询本业务群规划时出席）

时间：
- 九月上旬，三天（在公司以外的会议地点，以避免干扰）

会议议程：
- 总裁介绍公司总体战略方向及其目标
- 战略发展副总裁介绍公司总体战略规划(初稿)
- 战略发展副总裁宣布会议规则
- 各业务群呈报业务群及业务单元战略规划，接受与会人员质询
- 战略发展副总裁总结发言，介绍修正后的公司总体战略规划，明确各业务群需修改的要点及时间表
- 总裁总结/宣布闭会

会议规则：
- 各业务群及业务单元的呈报材料图表一律用投影形式，按要求格式不超过十页
- 质询及对质询的应答要求以事实及数据为基础，质询对事，不对人
- 与会人员对各业务群及业务单元战略规划有质询权，总裁对修正要求有终决权

需提前准备的材料：

材料	提前量
● 战略发展副总裁下达的会议议程及规则，材料要求	3周
● 战略发展副总裁下达的公司总体战略规则（初稿）	4-5周
● 各业务群及业务单元战略规划	1周

会后后续活动：
- 战略发展副总裁总结、分发会上关于各业务群及业务单元规划修改要求的要点，规划完成时间表
- 责成修改，战略规划跟踪进度，总裁最终审批

图2-4 某企业的年度战略规划质询会

关于会议的时间分布，也是一件既讲科学也讲艺术的事情。我们列举了一些会议时间需要考虑的因素，请读者结合前述的 HP 公司的案例进行思考：

◇ 计划未来的时间；

◇ 总结过去的时间；

◇ 解决问题的时间；

◇ 陈述事实的时间；

◇ 采取行动的时间；

◇ 赞美的时间；

◇ 理解的时间；

◇ ……

开好单一会议的"四项基本原则"之三：无会前充分准备不开会

下面，我们来看"无会前准备不开会"。我们说，会议的"共同时间"是宝贵的资源，最好被用在人们无法单独解决的问题上。因此，个人为会议作充分准备，就可以提高"共同时间"的利用质量。

那么，在会前准备阶段，除了参会者按照"议程模板"进行准备外，还要预防哪些容易出现的问题呢？

决策人不能出席

在非常情况下可以考虑事前明晰一条原则并周知：决策人如果不能出席，则会议当即取消，让决策人感觉到不能出席是有代价的、是拖累他人。从而，提高决策人的会议时间安排的合理性、确定性。

会议可能冗长拖沓，挤占吃饭和就寝时间

攻略：设置一名"休息经理"的角色（最好不是行政职务最高的人，也不是会议组织者），有权力决定会议进入休息时间。国内某民营企业曾经宣布"站着开会"，以避免参会者太舒适，从而达到缩短会议时间的目的。

会议规模不当、人员安排不当

攻略：由于"沟通管道"会随着"与会人数"成几何级数增长，N个人会有N×（N－1）个单向沟通渠道，所以在决定与会人员的时候，要首先说"××可以不来"，而不是"××也可以来"。

地点选择不当

因设施、场地大小、交通干扰等因素导致达不成目标时，可以考虑以下攻略：换位思考、模拟出行、场地的会前调试至少需要两次。

当然，要做到"会前准备"得当，光靠"事前筹划"是不够的，还要靠"会后反馈评价"，以形成一个事前事后的闭环，不断总结、不断反思改进。

我们给出一个会后反馈评价的清单，如下：
◇ 会议的目标是否清晰？
◇ 议程与有关资料是否在开会前适当的时间收到？
◇ 会议是否准时开始与准时结束？
◇ 倘若会议不是准时开始与准时结束的，那么原因是什么？
◇ 会议是否按议程所制定的次序进行？
◇ 会议的目标是否达成？
◇ 如有必要分配工作并决定其期限，则这些工作是否能做好？

◇ 在全部会议时间内，有百分之多少的时间没有被有效利用？为什么？

开好单一会议的"四项基本原则"之四：无会中决策流程不开会

到了会中的决策，最容易出的毛病是什么？议而不决。就像有的会议一样，都开到华灯初上了，连扯皮都没有力气了，但该决策的事情还没有个说法。

估计这种议而不决的会议，还是同一个主题，还会再开一次、两次。

怎么办？在会议的决策角色上，有一个RAPID决策模型：要想决策快（即"RAPID"的英文意思），就要明晰五种决策角色，先后顺序是：

——R: Reference 建议者的角色
——I: Input   参考意见者的角色
——A: Agree   批准者的角色
——D: Decision 决策者的角色
——P: Practice 执行者的角色

各位读者可以结合图2-5进行思考，这五种角色怎么配合发挥作用,以及在你经历的一个会议上,有没有人同时扮演多个角色?

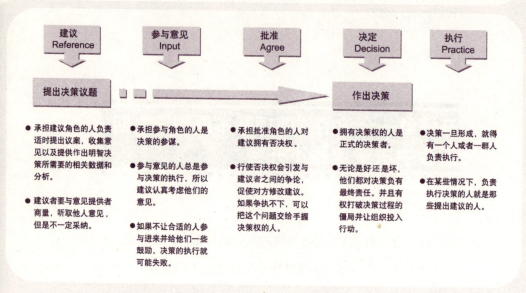

值得说明的是,"批准者"和"决策者"有区别吗?当然有,而且这种区分既非常重要又很微妙。

◇ 首先,承担批准角色的人对建议拥有否决权,行使否决权会引发与建议者之间的争论,促使对方修改建议。

◇ 如果争执不下,他们就会把这个问题交给手握决策权的人。

◇ 最后,拥有决策权的人是正式的决策者,打破决策过程的僵局并让组织投入行动。

会中决策以后怎么办呢?还是要靠模板来推动行动。有一些企业给出了"纠正行动表"的模板以及填写示例。如图2-6、2-7所示:

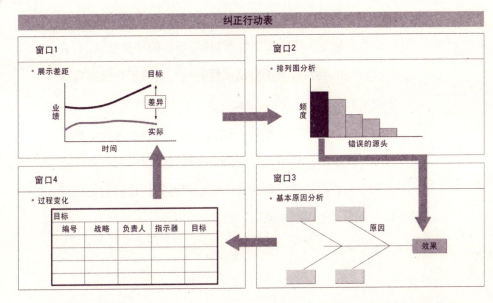

图2-6 "纠正行动表"模板

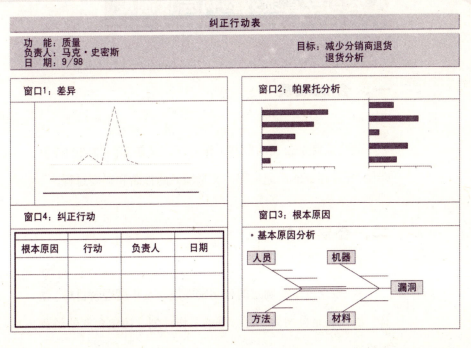

图2-7 "纠正行动表"填写示例

第二章 先做好15%:怎样开好单一的会议

让我们回忆一下欧阳办公室刘静、李标的那些抱怨：有关于会议目的的吗？有关于会议议程的吗？有关于会前准备和会中决策的吗？

为了避免这种恶性循环：会议目标不明确→会议议程就不清楚→会前准备就不充分→会中决策就议而不决→会议就让人觉得冗长而枯燥→参会者就逃会和迟到，让我们记住可以不开会的"四项基本原则"吧。

经典案例：A公司经营绩效检讨会议制度

一、会议性质

此会议既是公司的经营工作会议，又是部门绩效的评价会议；既是绩效的沟通过程，又是绩效的诊断和提高过程。

二、会议目的

◇ 根据董事会确定的公司发展规划及年度经营目标、预算，研究制定公司周、月、季的工作计划，决定企业的经营策略；

◇ 对各部门的主要工作、绩效指标进行检查、评价；

◇ 解决各部门在经营工作中暴露的问题、遇到的障碍，分析其原因，并采取必要的措施；

◇ 协调各部门之间在计划、方法、工具、进度、人员、设备上的冲突和矛盾；传达集团总部的经营动态、会议精神，安排、布置新的工作任务；

◇ 增加各部门的团结合作，提供一个公开、公正、平等、民主的质询与辩解平台，进行绩效沟通。

三、会议时间与地点

◇ 每月财务月报报出十日前后，会期半天；

◇ 地点在公司综合楼三楼多功能厅；

◇ 具体时间按每次下发的会议通知执行。

四、会议主席

◇ 总经理或执行副总经理；

◇ 总经理无法主持会议时，由其指定其他副总经理代为主持。

五、与会人员

◇ 部门副经理以上人员，原则上不许缺席，部门主管因故缺席必须指定他人代为参加；

◇ 其他相关人员按会议通知可列席会议。

六、会议准备

◇ 各部门在本月绩效检讨会议后，即确定一人（建议为经理）代表本部门进行汇报，汇报人应提前就本月本部门的汇报主题或其他重要事项进行充分准备。

◇ 会议通知应在召开会议前三日下发。

◇ 会议召开前三日，各部门将《部门绩效考核评价表》报总经办人事科，人事科负责将其分发至公司领导和各部门。

◇ 汇报人可以据《部门绩效考核评价表》提炼和补充本单元的主要业绩指标或其他汇报材料，公司领导和其他部门据此表就某些重要事项或重要误差在会议上进行质询。

◇ 汇报资料除绩效指标外，还要包括主要指标所涵盖工作的详细分析、报告资料；临时任务或短板要求或其他专项工作的详细资料；上述资料的 Powerpoint 演示文档。

七、会议程序

◇ 按以下顺序进行报告：行销部、采购部、生产部、技术品管部、财会部、总经办。

◇ 各部门指定汇报人代表本部门进行汇报，限时30分钟（含简要质询、答辩所费时间，下同）。

◇ 与会人员可进行质询，汇报人（或相关责任人）必须对此作出合理、真实的解释与说明。

◇ 会议主席在听取汇报、质询及辩解后，应作出必要的指示或裁决，并指定负责人。

◇ 对较复杂的工作事项，一时无法在会议上作出明确决策的，可由会议主席指定部门或专人在规定期限内进行专题研究并提出解决方案呈报本次会议主席。

◇ 绩效会议结束后，由会议主席当场评价各部门的汇报质量和效果，并排序。

八、会议内容

◇ 均按照《部门绩效考核评价表》的思路和顺序进行汇报，显形业绩、短板要求、临时任务为主要汇报内容，绩效管理、学习与创新为次要汇报内容，基本职能无显著提升或错误原则上不汇报。

◇ 针对某项指标代表的工作业务内容，可配以图表或文字详细说明，进行预算对比、计划对比、同期对比、上月对比、对手对比等分析。

九、其他

◇ 经营绩效检讨会议完成后，由总经办负责在48小时内下发书面会议纪要，主要包括各部门的主要绩效完成情况、存在问题及解决办法、新安排和布置的工作任务、会议精神或决议等。

◇ 人事科应就公司领导和各部门对《部门绩效考核评价表》的质询意见核实并修正计分。

◇ 各部门将此会议纪要作为未来一个月工作的指导性文件予以执行,如有必要,应制定绩效改进计划或召开局部会议安排布置落实。

◇ 经营绩效检讨会的决策权(董事会授权范围内)属于会议主席的职责,会议主席必须对每一议题有明确决定。

◇ 在会议主席作出决策之前,所有与会人员对他人(不论职务高低)的汇报、发言均享有质询权。汇报人、发言人对所有质询必须作出合理的、真实的解释,也可指定相关经理作出解释。

◇ 在会议中凡被会议主席决定负责执行某项工作的人,即为该项工作的授权人。若因困难无法完成所定目标时,应立即反馈,并提出寻求支持的具体要求或应采取的补救措施。被授权人若有失职,应自己承担失职责任。

自测题：我是一个擅长开会的人吗

这份测试题有选择题，可单选、可多选，还有连线题、开放性问答题。每题2分。

1. 以下哪些因素会导致会议质量不高？
   (1) 时间
   (2) 地点
   (3) 与会人员的选择
   (4) 主持人的技能
   (5) 参会者的技能
   (6) 会议的准备工作
   (7) 开会的原因、目的和结果

2. 就会议的时间安排而言，以下哪些说法是正确的？
   (1) 上午8：00-9：00点之间，正是员工从家到公司、心绪尚且混乱的时候，从人的生理和心理角度来看不现实
   (2) 上午9：00-10：00之间，最适合进行一对一型的会议，同样也是进行业务会谈的最佳时机
   (3) 上午10：00-12：00或下午1：00-3：00点之间，最适合开展集思广益型会议，利用头脑风暴想出新点子、新方法
   (4) 下午3：00-5：00之间，最好不要安排会议。这时

员工进入倦怠期，人人希望马上回家

    3．关于会议地点，你会选择下面的何种地点？

    （1）自己的办公室

    （2）下级的办公室

    （3）公司的会议室

    （4）外面的会议室

    （5）城外的会议场所

    4．所谓会议规范，是指大家达成共识的会议守则。会议规范主要包括以下条款：

    （1）所有参会者的每周工作安排时间表能共享给会议安排人，以找出最适宜所有参会人的开会时间

    （2）超过八小时的会议需要有书面通知、议程表及相关资料，少于八小时的会议不需要

    （3）所有参会者都要准备在会上发言

    （4）准时开始，准时结束

    （5）所有参会者应知道维护别人的尊严，不在会中羞辱别人

    （6）意见不同是好事，甚至有人"唱红脸"

    （7）会议结束一个月内，所有参会者应拿到会议纪要

    （8）所有参会者应承担起对会议质量进行反馈的职责

    （9）必要时请第三方监控，以保证会议质量

5. 请将下面的三列（会议频率、会议种类、会议注意事项）进行连线。

会议频率	会议种类	会议注意事项
（1）随时	A 固定的部门间会议	I 切忌频繁，否则会让员工觉得日日危机、工作无条理
（2）至少每月一次	B 处理突发事件的会议	II 可以随时发生，但最好不要超过一小时
（3）至少每半年一次	C 一对一会议	III 传递价值导向的好机会，但太频繁会成为公司的负担
（4）随时	D 全体会议	IV 不宜多于每周一次，否则易形成朝令夕改的不良习惯

6. 在一对一会议中，你会在何种情况选择何种座位安排？

(1)

(2)

第三章　从"会议金字塔"到"会议地图"

"笃笃笃",敲门进来的是李标经理,手里还有一摞厚厚的细分市场统计分析报表。欧阳想起上次牵头逃会的就是他,于是打趣说:"最近还定时闪吗?"

李标经理把报表放在欧阳那张棕色的办公桌上,不好意思地推推鼻梁上的眼镜,说:"嘿嘿,不闪了,早改成感情秘书了。"

"哦,这又是什么新花样?"

"没有新花样,就是把定时闪换成别的用途了,碰到老婆、老爸的生日什么的,我担心我自己忘了,就提前把祝福的话写好,然后通过定时闪,到时候就自动给他们拨通电话了。对了,上次我参加咱们的客户联谊会,碰到一个多年未见的老同学,后来就约了他单独聊,我怕他事多忙忘了,也用了这个定时闪提醒他呢。"

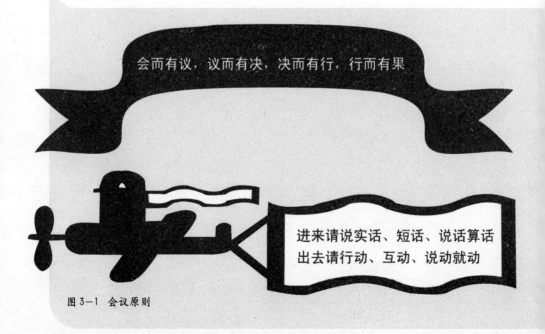

图3-1 会议原则

欧阳笑起来，说："你啊，就是主意多。这么说，咱们的学习开会有效果了？"

"当然有效果，咱们参考其他企业的好办法，也提炼了自己的会议原则，还张贴在会议室里做成标语，说：会而有议，议而有决，决而有行，行而有果。"如图 3-1 所示。

"现在再开会，大家也都有一套共同的注意事项了，这也是开会有了共同语言嘛。"李标说到这里，话锋一转，"不过……"

欧阳感觉到他话中有话，却迟疑在那里，想了想，就示意他在圆桌旁坐下，自己也走到圆桌那里挨着坐下。欧阳想，这样比起隔着办公桌里外对坐，气氛总归是轻松随意一些。

"想说什么就直说吧，我的性格你是知道的。"欧阳说。

李标见状，便直言道："要我说啊，现在都是小改进，大问题还没解决呢。咱们的大问题是老总龙头一乱摆，下属龙尾跑断腿，当然我说的不是哪个具体的老总，是各级经理、各级老总。虽然咱们一个部门开会的本事提高了，但老总一有新主意，副总就要执行，就要布置工作。副总布置工作的时候，往往也要加上自己的主意和理解，这样就到了你这总监一级了，你又是一个追求完美的人，工作布置再细致一些，到我们这里工作又加码了，我们这级经理下面还有不止一级下属呢，让他们如何应付呢？所以各级老总的会议一变动、一改期、一调整，基层的人啊，就脚后跟打屁股，还是无头苍蝇到处忙不完啊。"

欧阳想起总经理吴总的一个比喻，"工作就是要紧踩脚后跟"，意思是说，各级经理要紧密督促自己下属的工作落实。怪不得李标他们上次开玩笑说："一个月要被踩坏好几双鞋子。"

"你的意思是说，各级经理、各个部门都牵头开会，整个会议体系还是乱糟糟的？由于整体没有规划过，所以这里牵一发，那里就动全身，而咱们是到处牵一发，动全身？"

李标听出了欧阳的理解和认同，点头称是，"是啊，咱们公司还流行一段顺口溜呢：

老总忙，忙副总应该忙的事情；
副总忙，忙总监应该忙的事情；
总监忙，忙经理应该忙的事情；
经理忙，忙骨干应该忙的事情；
骨干忙，忙一线应该忙的事情；
基层一线也忙，天天忙着开会、汇报，
还忙着思考总经理应该思考的问题：
我们企业到底要怎么发展才能不忙？"

欧阳不由得笑出声来，他想起最新一期公司内刊上的一幅漫画，如图3-2所示。

当时，看完这幅漫画一笑就过去了，谁知道李标今天又扯到这个话题上来了。

"欧阳，你光笑不行啊，总经理挺重视你的，你是不是找个机会也给他建议建议。虽然说市场变我们就要跟着变,可梳理清晰一些总是好事啊,是不是把咱们这么多的会、这么多人像无头苍蝇似的忙,也盘点盘点?"

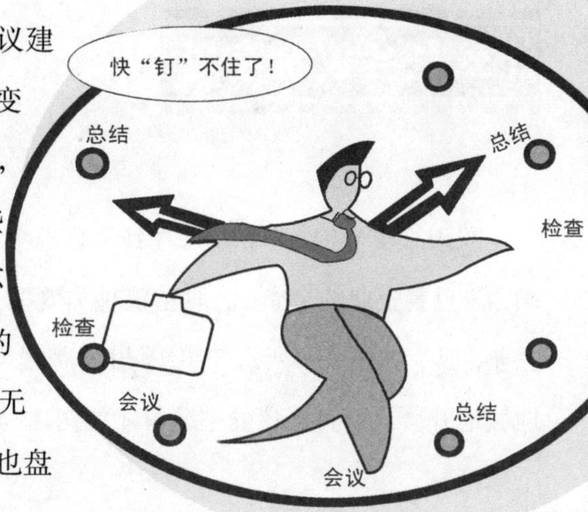

快"钉"不住了!

图 3-2 基层人员忙得快"钉"不住了

"盘点"?这个词印在了欧阳的脑海中,他曾经在仓储和物流部门干过,对于实物的一件件盘点,他是再熟悉不过了。他上次听管理咨询顾问给他谈到"85%的问题是体系设计的问题",还提到"管理的盘点、会议的盘点、制度的盘点、决策项的盘点、流程的盘点"等,这个词的内涵经李标这么一触发,开始在他脑海中激荡起来、扩展开来、萦绕起来。

李标看欧阳陷入了思考,就开始道别,向门外走去,临关门时还没忘探头说一句:"欧阳,我还等着你给我报销踩坏的鞋子钱呢。"

第三章 从"会议金字塔"到"会议地图" · 51

什么是会议金字塔

欧阳终于开始从"扫一屋"到认真思考"扫天下"了。的确,一旦看企业的全局,各种会议种类繁多、主题纷杂。一家企业,具有如图3-3所示的组织结构,那么可能要跨产业、跨地域地开会,而且会议的主题可能如图3-4所示,至少有三个维度。

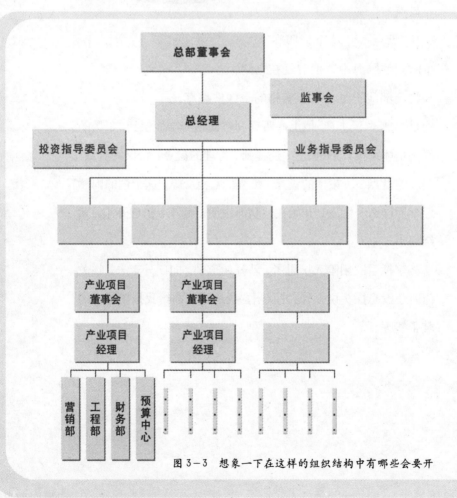

图3-3 想象一下在这样的组织结构中有哪些会要开

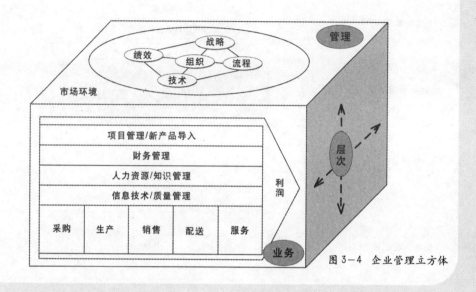

图 3-4 企业管理立方体

◇ 不同的管理层次要开会。从总部到大区、分公司、办事处,等等。

◇ 不同的职能部门要开会。有产供销这样的经营部门,也有信息部、质量部、财务部这样的支撑部门。

◇ 不同的管理要素要开会。从宏观战略会到流程沟通会、组织架构会、绩效评议会、IT方面的各种需求分析会、解决方案讨论会、上线准备会、并行期间纠错会、关键用户交流会,等等。

既然强调看企业整体,那么我们抓大放小看全局,用图3-5把一家以营销为龙头的现代企业的经营分析体系从整体上展示出来,一级级的会议、一级级的流程,将企业的战略以及目标具体化,并进一步融入日常的运作中。

图3-4和图3-5告诉我们,企业管理是一项有规律的活动。战略、组织、流程、绩效、研发、生产、物流、销售……

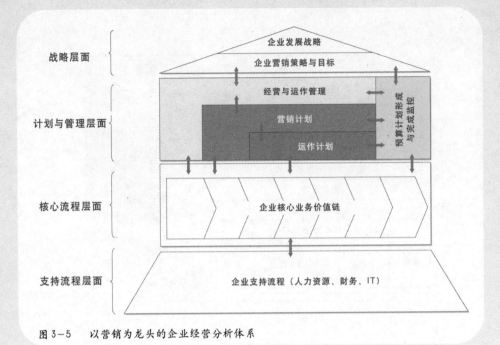

图 3-5 以营销为龙头的企业经营分析体系

很多领域的议题,年年月月都会重复思考,那么,能不能形成一个有规律的会议体系?即年初就明确全年的会议时间、待决定的议题、决策人和参考人的角色。哪怕会议要变更,也是在一个达成共识的框架下,来增减新的议题,从而让以下情形减少出现:

◇ 刚从外地回来,立刻被会议包围起来,从早上到晚上要参加四五个会议。

◇ 公司里重要事情都需要领导决策。奇怪的是,重要的事情往往会出现时间冲突,负责安排总裁会议的同事,往往不知所措,只好见缝插针。在一个高层人数较多的会议上,塞进去很多议题。结果一会儿讨论战略,一会儿讨论物流、销售额等迫在眉睫的事。高层领导在几件事情上轮番讨论,思维来回切换。会议决策效率并不是很高。

◇ 经理天天在开会,几乎没有时间用来思考和行动。包括自己牵头的会议、只需要出席的会议、战略会议、经营管理会议……经理觉得自己分身乏术。

◇ 会议已经很多了,但是临时的会议数量仍然比较多,管理无序。

现在,我们再来好好思考一个根本的问题:什么是会议?

是几个人碰头说话吗?当然不是。

会议的背后是决策项;是各级计划的PDCA循环;是"从行动到决策,从决策再到行动"。

如图3-6,就给出了某项业务决策和会议的对应关系。

目标	子目标	决策项	决策项说明	影响	决策频率/时间	决策方式	决策人
审核产品策划案	生意目标	确定产品策划案是否符合生意目标	不同品牌产品的生意目标		一次/半年	会议	总经理
		确定产品策划案是否与市场推广资源相结合	结合品牌营销/零售营销的资源		一次/半年	会议	营销总监
	目标消费者	确定产品是否符合目标消费者的偏好			一次/半年	会议	产品总监
	产品结构	确定产品结构	从四个方面考虑: • 子品牌之间的结构 • 子品牌产品线内部的结构 • 高端产品所占的比例 • 跑量的产品组合		一次/半年	会议	产品总监

图3-6 某项具体的业务决策和会议的对应关系

下面，我们来看一下会议的分类。既然企业会议产生的根源是经营管理活动本身，所以必须从经营管理活动进行分类和差异化管理。我们说，因为经营管理活动的决策规律不同，所以引发不同的管理会议：

时间触发的管理决策所引发的周期性会议

这些会议一般是周期性召开，比如月度、季度、年度管理例会，半年一次的绩效考核、职级晋升、高管人事变革的会议。

这类会议有固定的议题，结合企业当时的最新情况，会增补少数几个议题。

流程触发的管理决策所引发的里程碑式会议

这些会议是按照某一类管理流程展开的。比如一系列的战略管理会议，最终目的是明晰公司的战略。这当中有若干要回答的问题。比如，在哪里竞争？如何竞争？年度目标、费用预算……哪些议题先定，哪些议题后定，等等。这决定了相应的会议主题安排。业务战略和策略往业务领域推进一步，财务目标和预算要细化一层，这决定了各部门的工作要配合起来。

流程触发型会议，还有新产品开发、业务流程优化的咨询项目等。这类会议受企业运作特点的影响比较深。比如服装行业的产品季上，策划、设计、选图、开发选样、订货会前准备会等，每个阶段的节点，标志就是审批会、协调会。再举一个例子，比如房地产行业，每一个楼盘都是按照项目开展的。日本房地产企业东京建物公司60个人能做40个楼盘，而同类型的中国优秀企业水平是300个人做10个楼盘。东京建物把每个楼盘做成一个项目，标准化地开8个会，会议的产出、与会人、议程非常明确，到哪个阶段，相关的决策都要全部按时完成。

事件触发的管理决策所引发的临时会议

这类会议是临时安排的，比如危机事件下的紧急会议、高管辞职引发的动荡等。这类会议没有固定的议题。根据临时事件的重要和紧急程度，邀请相关的人员参加。可以想象，这类事件不宜多，否则会打乱人们手头正常的工作步骤、优先顺序。

根据上述分类，如果把突发的临时会议分别纳入各类决策中去（比如宏观的战略决策、中观的经营决策、微观的操作决策），再把流程触发的会议区分为战略流程触发的战略类会议、企业具体运营的流程触发的运营类会议，那么，我们可以给出一个"三层"的"会议金字塔"，如图3-7所示：

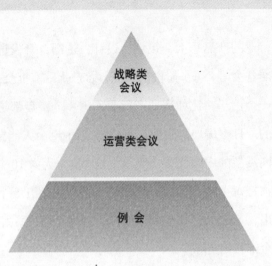

图3-7 会议金字塔

下面我们来看一个例子:HP公司如何从战略到运营,也就是HP的"十步法",如图3-8所示:

十步法

Step 1: 业务宗旨
Step 2: 五年目标
Step 3: 客户与市场分析
Step 4: 竞争分析
Step 5: 理想方案与战略
Step 6: 战略实施
Step 7: 财务分析
Step 8: 潜在问题与风险分析
Step 9: 内外依存关系分析
Step 10: 第一年计划

图3-8 HP的十步法:从战略到运营

这十步法不是静态和孤立的，而是如图3-9所示，有偏战略的，有偏操作的，有着重分析外部的，有着重分析内部的，形成一个企业运作的循环。

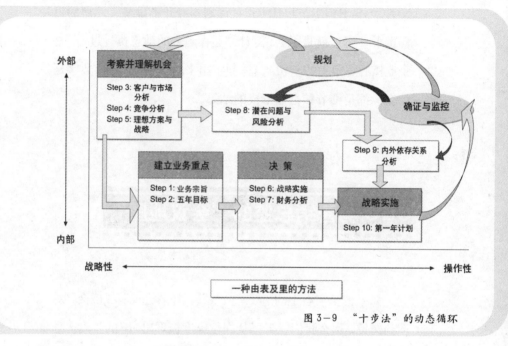

图3-9 "十步法"的动态循环

其中，Step10的"第一年计划"，包括以下方面：

◇ 分析本地市场、用户及对手；

◇ 选好行业和地域；

◇ 确定并量化年度销售任务目标；

◇ 预估实现毛利指标；

◇ 确定人力资源投入及组织机构；

◇ 找出关键性成功因素；

◇ 定位亟待解决的问题；

◇ 确定市场销售策略；

◇ 根据策略制定详细的计划并予以实施；

◇ 得到完整资源计划及检查时间表。

HP公司的经验强调，"PLAN IS NOTHTING, PLANNING IS EVERYTHING"（计划本身并不重要，计划的过程重于一切），就是说会议、计划运作起来的动态执行过程，是企业核心竞争力的一切。具体制定出来的计划是什么、数字是什么，都是细节和自然形成的结果。

CEO与营销总监的"会议地图"

如果把金字塔中的"战略会议"、"经营会议"、"例会"对应到岗位，那么我们就可以从岗位维度梳理出HP的年度／季度／月度都有哪些会议要开，这些会议的逻辑关系是什么、前后顺序是什么。

图3-10是一个示例，为了使图片传递的信息量更大，我们给出的是某服装行业企业集团的CEO、品牌总经理两个岗位视角的会议地图。在实践中，我们还可以区分出他们两人的会议地图。

各位读者可能已经想到，各种不同颜色的小三角符号，代表着一个个不同类别、不同时间要开的会议。如果这张"会议地图"是可以在电脑上查询的（我们可以思考一个"企业

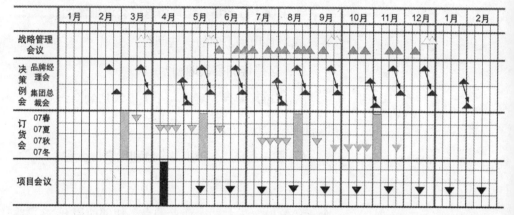

图 3-10 会议地图

计划与会议管理软件系统"是否可以有这个功能),那么鼠标放在每个三角符号上,我们应该就可以看到这个会议的具体名称和必要说明了。图 3-11 就是给出了部分会议名称的会议地图。

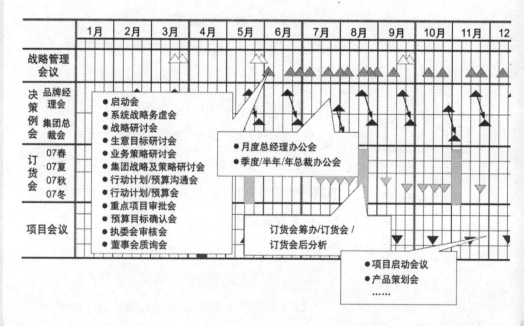

图 3-11 给出了部分会议名称的会议地图

为了便于读者更好地理解这张会议地图的内容，我们整理了下面的一些问答：

Q：这是谁的会议地图？

A：CEO、品牌总经理两个人要参加的会，从他们岗位的视角制作的。

Q：第一行的"△"和"▲"分别代表什么会？

A："△"是董事会。"▲"是战略会。如果两个三角紧贴，表示两个连着的会、相邻两周开。

Q：品牌会和集团会为什么一前一后？

A：品牌总经理不能决定的，拿到集团层面讨论。集团层面是为了决策，而不是为了传达。

Q：4月、7月、10月、1月的三角符号更低，为什么？

A：表示"做季度总结"。

Q：对于品牌经理会，安排在每月第三周开，为什么？

A：回顾上个月的工作，布置下个月的工作。

Q：对于订货会，用"▽"表示，为什么？

A："▽"表示重要，对该企业做生意最重要的就是如截图中所示的线条。时间一定不能被占用。用企业通俗的话说就是："河里的石头，不能动了。"

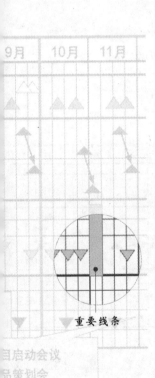

重要线条

Q：订货会前后用"▽"表示，为什么？

A：4月份三个"▽"，表示订货会的三次准备会。5月份的一个"▽"表示：订货会前把各大区的销售人员、经销商等组织来开会，以提供咨询、引导销售、进行关系建设。

Q：为什么做这张会议地图？

A：我们看一个"季节错过"的实例，来一管窥豹。该企业的新品设计往往是5-7个项目同时推进，产品部门的设计师就要在不同项目之间切换，通知开会就开会。于是，设计师经常抱怨："一会儿开这个项目的策划会，一会儿开那个项目的选样品会。""根本顾不上带脑子。"以前，该企业的做法是每周更新一次会议时间表，都是临时决定、临时发布，开不开都不一定。而在这一系列的会中，策划案审核是关键，是所有后续工作的发动，结果因为各种原因推了一个月，在此之后的每个会都推了一个星期，最后，有一个新品的策划会终于可以开了，才发现比计划晚了三个月——原定的新品推出季节已经过去了。

这样的会议地图，每个企业需要有，是整个企业的全年的会议地图；每个管理者也需要有，是各管理者的全年的会议地图。我们来总结一下建立会议地图的几个好处：

◇ 管理者从全局的角度来优化议题，明确重要的问题必须在某个时间来决策；有些议题不用讨论，甚至有些会议根本不用开。

◇ 管理者可以提前思考某些议题，提高决策的效率。比如营销策略的调整可能半年一次，但管理者的思考是随时随地的，当这个半年度会议到来之前，管理者会加快自己的思考节奏，然后在会议上拿出一些相对成熟的想法。

◇ 可以使管理者的时间安排更有计划性和规律性。整个企业的思考和决策，也随之形成有规律的振动。

七步制作"会议地图"

那么，怎么制作出这样的会议地图呢？我们给出具体的七个步骤：

第一步：
建立会议的坐标——时间＋会议类型

首先建立两个思考的维度：时间和会议类型。

一是时间，可表示为：年度、月度、周、日。

二是会议类型，按照时间触发、流程触发进行梳理。一般按照企业经营管理活动，可以分为以下几类：

◇ 时间触发：公司级、事业部级、部门级的经营管理例会。

◇ 流程触发：战略类会议、产品审核会议、人力资源管理会议、重大投资审核会议……

如图3-12所示：

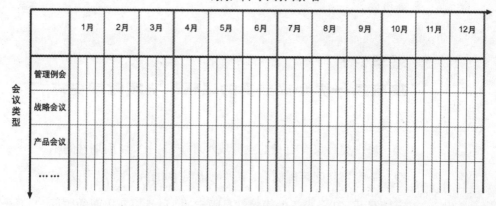

图 3-12　建立会议地图的两个维度

第二步：
固定时间、不可变更的关键事件优先安排

企业里有一些重大事件，在年初的时候就可以固定下来。

比如在图书行业，一年几次的图书订货会，对出版社来说可能是全年的订单来源。对书店发行渠道来说，可能是全年采购的来源。

又比如在服装鞋业，一年四次、五次的订货会非常关键，90%的订单来源于订货会。这是决定企业生死存亡的事件，企业会集中一切力量打好这几场战斗，所以时间和资源的优先级非常高。

而对于上市公司来说，年报、半年报的公布是比较关键的事项，而且一般时间由交易所提前确定。企业可以在此基础上倒排年报的几个审核节点，董事会会议、执行委员会议、审核委员会等。

第三步：
按照每一类会议自身的逻辑来决定时间安排

每一类会议有自身的业务或管理逻辑。比如：周期性的年度、季度、月度管理例会，就写明固定的时间、固定的议题，定期召开。甚至报告的模板都是固定的，每月更新里面的数据和分析。这样有助于参会者按照一个统一的框架进行思考，也有助于参会者将精力放在异常情况上面，抓住关键问题。

比如，战略制定和战略调整的会议，时间是根据议题来决定的。战略制定的过程要回答一系列的问题，为了方便集中思考和讨论，将相关的议题划分成一个个主题。比如"内外部环境分析"是个主题，"事业部定位和营销策略"是个主题，"各部门行动计划"也是个主题。

一次集中召开的会议可以讨论当中的两个主题，也可能只讨论一个主题。每次会议，都要就规定的主题达成共识。以阶段性会议成果为标志，把战略制定分为几个阶段，比如业务战略阶段、计划阶段、预算审核阶段等。再比如，服装行业产品季是一个大运作流程，这个流程被分成策划、设计、开发、订货，四大阶段，九次重要会议。预先固定时间的阶段审核会议，变成一个个小的节点，不断跟踪和审核项目开展的过程，从制度上保证一季产品的命中率。如图3-13所示：

服装产品季	策划	设计	开发		订货				
决策会议	产品策划案审批会议	产品设计主题风格方案审批	产品陈列方案审批	主推产品审批	第一次订货会筹办会	第二次订货会筹办会	第三次订货会筹办会	第四次订货会筹办会	订货会分析会
时间	产品策划案总体报告上交一天后，策划案阶段结束前一周	产品策划案审批会后两周	订货会前两月（服装和鞋同时）	二选会期间(暂定最后一天)	订货会前一个月	订货会前三周	订货会前二周	订货会前一周	订货会结束之后15天

图 3-13 服装行业产品季

第四步：

充分考虑关键参会者的时间，来进行会议时间分析的再修订

企业的经营管理会议是管理者发挥管理职能的重要场合，所以要充分考虑关键参会者的时间，尽量让关键参会者能够出席。

比如，销售总监每年有几个大会，对于销售管理非常重要。这些会议，不是销售总监亲自主持、深度参与，几乎没有效果。像这样的会议，有每年的经销商会议（3天，年度结束前1-2周）、全体销售人员培训（2天，每季度一次）、大区子公司经理会议（半天，两个月一次）、部门经理会议（每月10号）。比如公司总裁是全国人大代表，出席政府会议需要一个月的时间。因此所有重大决定、会议，需要安排在政府会议的前后。

第五步：
考虑涉及全员的固定事件，进行会议地图的再优化

企业有一些涉及全员的重大事件，总裁和高管层会到场鼓劲，各级管理者等待检阅，员工也盛装以待。这样的全员安排，公司每年都会举办，但是时间可以不固定在哪一天。

比如，年度全员总结和表彰大会、新员工培训、公司周年庆祝、全员运动会等。一定要让各层管理者在工作日历上把这一天预先留出来。

第六步：合并会议

按照每类会议、关键事件展开后，会议变得很多，而管理者的时间是有限的，所以可以进行会议的合并。可以将主要参加人一致、内容相近、时间相近的会议合并在一起。

比如，某集团有两个事业部，A事业部规模很大，占集团业务的80%。事业部的管理者基本上也是集团的管理者。集团要开季度经营会议，事业部A也开季度经营会议，就可以把这两个会议合并，建立企业的季度会议。

会议的地点也可以合并。比如服装行业订货会期间，高层和业务部门经理都会到场。高层集中的地方，有很多议题都可以拿到这个会议上讨论。

第七步：合理安排突发性会议

通过以上六个步骤，能够建立起企业固定决策的会议框架。当有突发事件发生时，首先应判断是否通过会议解决。如果需要通过会议解决，再确定决策的议题、参会者、决策的时间，然后再安排这样的突发会议。安排突发会议应当谨慎，否则管理者整体疲于应付各种突发事件，哪里还有时间完成自己的业绩。

根据具体的七个步骤，我们可以制定出类似图3-14的会议地图：

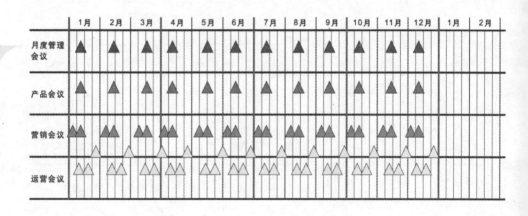

图3-14 会议地图示例

会议时间分布的六个考虑要素

上面的七个步骤中,谈到了会议时间安排的多种斟酌要素。我们再来归纳说明一下,结合图3-15中的各方面因素来考虑会议的时间分布和时间波动。

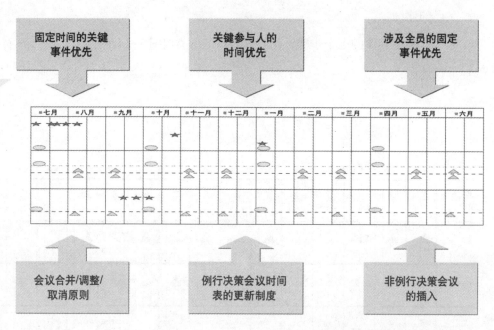

图3-15 会议时间分布的考虑因素

其中,"例行决策会议时间表的更新制度",是指会议的滚动周期。例如,会议是每两个月滚动,那么当月就要严格执行,拒绝更新波动;如果会议是一个月滚动,当旬就要严格执行,拒绝更新波动。

同时,提供如图3-16所示的会议合并、调整、取消原则,供读者参考。

- 非例会优先级高于例会
- 集团层例会应优先考虑业务运营高峰时段的要求,如订货会
- 总裁要参加的集团会议优先级高于总裁主持的业务单元例会
- 核心业务季度回顾会议早于集团层面季度回顾会议
- 核心业务月度经营会议早于集团层面月度办公例会

图3-16 某企业的会议合并、调整、取消原则

介绍了HP和上述企业的例子,在这里请各位读者思考:您所在的单位,会议盘点的结果会如何?您个人的会议地图是什么样子的?各种会议的逻辑关系如何?时序关系如何?您的会议地图需要进一步优化、简化吗?它能进一步和谐吗?

经典案例：
B 企业从单品牌向多品牌经营转型中的会议体系建设

该企业迫切希望得到解答的问题是：

◇ 公司要从单品牌经营转向多品牌经营，经营分析该怎么做？

◇ 在新的管理模式下，需要明晰集团层面和核心业务层面的决策体系，以提供有效的决策支持。集团层面和核心业务层面决策重点分别是什么？

◇ 如何使得在业务一线的人能提出更多的行动建议，提高高层决策的效率？

◇ 报表太多，对决策支持的时效性还不足，如何提高对决策支持的有效性？

◇ 高层时间宝贵，如何通过会议安排，协调重要决策点在时间上的重叠？

我们用图 3-17 综合概括了该企业的困惑。

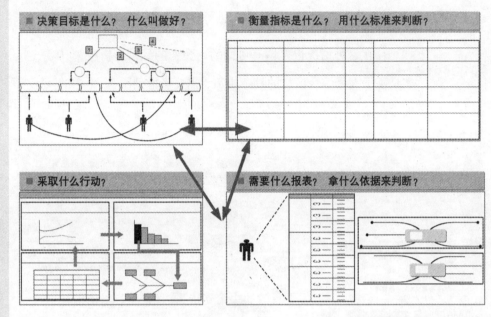

图 3-17 某企业从单品牌到多品牌转型中的困惑

我们对该企业的现状进行了诊断，发现存在以下问题：

◇ 决策目标不明：各个部门都在要报表，而没有明确报表对决策的支持点是什么，不知道要决策什么，不知道要什么报表。

◇ 报表逻辑不清晰：目前的管理报表太多，没有管理报表形成的流程，没有数据收集、归类和整理的流程，也没有跨系统的经营报表，每层的决策有各自的报表。

◇ 分析工具不到位：报表加工的难度大、工作量大，常用 EXCLE 来处理，而不是专业的报表工具。

◇ 决策数据不规范：数据太多，而数据本身的标准很重要；报表数据来源于 SAP、EPOS 等不同的系统，管理报表形成过程中获取数据难度大,数据口径不统一。

存在这种情况也是情有可原的,企业的经营分析决策其实是基于大量综合信息的复杂决策,需要考虑到图 3-18 中的很多因素。

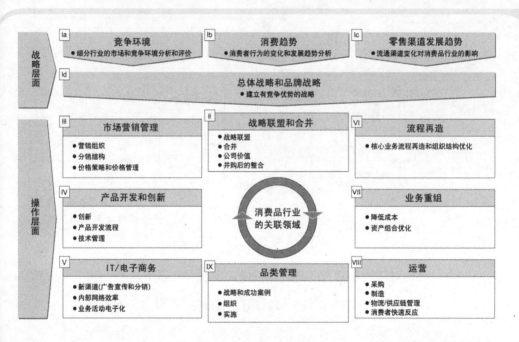

图 3-18 企业的经营分析决策其实是大量综合信息的复杂决策

了解现状、难点以后,该企业进一步加强了与咨询机构合作的决心,达成了"经营分析体系"咨询服务合作的协议。该项目总体思路可以简述为:以"业务模式—决策目标—报表体系—管理会议"为主线,建立公司的管理决策体系和经营分析体系,让经营分析和管理会议成为公司管理的发动机。

具体咨询服务内容包括:

◇ 分析战略规划和核心业务运营（市场、产品开发、供应链、销售）两个层面的决策目标和议题；

◇ 明晰集团层面和核心业务层面的决策体系（综合考虑图 3-19 中的分工因素）；

◇ 规划两个层面有效的决策支持信息体系；

◇ 重点设计优化两个层面的月／季经营分析报表模板；

◇ 设计两个层面的高层决策会议和会议保障体系，实现相关决策有效落实。

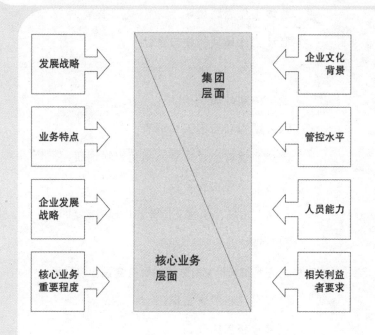

图 3-19　集团与核心业务对关键决策议题分工协作考虑的影响要素

该管理咨询项目的总体计划为，如表 3-1 所示：

表3-1 某企业涉及"会议体系"的管理咨询项目计划

工作阶段	主要工作内容	
1.1 项目启动	○联合项目组准备相关资料 ○项目计划的讨论和确认 ○项目管理平台／模板的建立 ○总体工作思路说明 ○后续工作模块的初步设计	
1.2 年度会议和经营分析思路调研	○业务中期战略调研 ○法人结构和管理架构调研 ○该企业现有会议体系及相关资料调研 ○参与公司级决策会议 ○产品、市场、销售及运营部门现有KPI（关键绩效指标）调研 ○业务系统VP（副总）对现有会议建议调研 ○现有会议组织方式调研 ○经营分析思路调研 ○重点经营指标调研	

工作天数（略）	主要交付物
××工作日	○项目管理模板 ○项目计划
××工作日	○调研问卷 ○会议纪要

（续表）

工作阶段	主要工作内容	
1.3 市场、销售、运营、产品系统运作管理调研	○市场系统运作管理调研 ○销售系统运作管理调研 ○运营系统运作管理调研 ○A 产品大类的系统运作管理调研 ○B 产品大类的系统运作管理调研	
1.4 经营计划管理体系分析	○经营计划管理逻辑分析 ○经营计划管理组织角色和职责分析	
1.5 管理会议体系分析	○核心班子每月管理会议及会议议程、决策点、参会者分析 ○市场系统每月管理会议及会议议程、决策点、参会者分析 ○销售系统每月管理会议及会议议程、决策点、参会者分析 ○运营系统每月管理会议及会议议程、决策点、参会者分析 ○按产品大类的每月管理会议及会议议、决策点、参会者分析 ○按产品季的里程碑式决策会议及会议议程、决策点、参会者分析 ○决策点，包括但不限于重要经营指标，重大事项，市场新情况及对策等 ○会议组织流程和职责落实	

(续表)

工作天数（略）	主要交付物
××工作日	○调研问卷 ○会议纪要
××工作日	○管理会议体系报告：经营计划管理体系部分
××工作日	○管理会议体系报告：管理会议体系部分 ○管理会议体系报告汇总

(续表)

工作阶段	主要工作内容	
2.1 现有经营分析报表体系调研	○ 现有经营分析报表提取和分析 ○ VP决策所需报表调研	
2.2 会议议题与经营报表的对应关系分析	○ 决策者层次 ○ 决策目标 ○ 经营报表功能分析 ○ 议题与经营报表的对应分析	
2.3 经营报表体系框架	○ 会议议题与经营报表体系对应框架	
2.4 经营报表体系细化	○ 议题决策点分析 ○ 议题决策点所需的报表分析 ○ 制定经营报表体系	
2.5 报表流程和职责落实	○ 报表收集、编制、汇报流程 ○ 报表收集、编制、汇报负责人和职责	

（续表）

工作天数（略）	主要交付物
××工作日	○调研问卷 ○会议纪要
××工作日	○经营报表体系报告：会议议题与经营报表的对应关系分析部分
××工作日	○会议议题与经营报表体系对应框架
××工作日	○经营报表体系报告：会议议题决策点与经营报表的对应关系分析部分
××工作日	○经营报表体系报告：报表收集、编制、汇报流程和职责部分 ○经营报表体系报告汇总

在上面的总体计划指导下,该咨询项目还采取双周滚动计划的方式来不断明晰细致的周工作计划,重视了会议、决策、报表、维护机制的咬合关系,如图3-20所示:

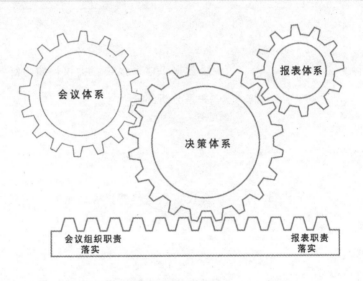

图3-20 会议、决策、报表、维护机制的咬合关系

最终,取得了以下主要成果,如表3-2所示:

表 3-2 企业涉及"会议体系"的管理咨询项目的主要成果

工作范围	项目成果
明晰集团层面和核心业务层面的决策体系	○ 战略管理的决策体系 ○ 集团层面与业务单元层面的关键决策议题分工协作体系
指导实现对两个层面有效的决策信息支持	○ 形成四个部分的决策支持信息体系,包括需要信息、信息提供人、提供时间及相应报告的提供人、提供时间: ——战略类 ——产品 ——供应链 ——营销 ○ 明晰产品、供应链、营销等业务运作环节的月/季度经营分析报告与各环节决策的联动关系,优化各环节经营分析报告

（续表）

工作范围	项目成果
设计两个层面的高层决策会议，实现相关决策有效落实	○规划战略制定类会议、CEO/GM管理例会、产品季决策会议、项目管理类会议及非例会的管理流程，明确每月会议安排 ○明确了各相关单位的会议职责
其他	○对于新产品在全国差异化滚动上市问题的决策进行了专题研究

自测题：
帮这家"战士型企业"梳理会议

有这样一家企业：公司总裁在创业初期抓住市场机遇，实现了企业的快速成长；当企业营业额增长到10个亿的规模时，已经在全国建立了30多个分支机构，一支500多人的营销队伍。这样的"战士型"企业，在广大的地域分散作战，要求管理简化、指令清晰、步调统一、反应迅速、集中精力奋勇作战。

可是企业的管理方式，却没有从过去规模比较小的状态下调整过来，高层领导喜欢随时"听宣上奏"；老总在总部的时候，习惯随时要求高管来开会，谈谈营销问题、生产问题、质量问题……

会议通常只留出一小时的准备时间，有些分公司经理在外地出差的，即便有三四个小时的车程，也得中止工作往总部赶。而实在没办法回来的，则赶往当地的分公司，参加视频会议。

这样的会议，事前并无规划，议题和思路都在总裁一个人的脑袋里。参加会议的人自己的计划被打乱，对会议的议题又没有时间思考，往往会议都结束了，他们还是摸不着头脑。

一个企业如果总是采取紧急会议的形式，时间一长，什么事都不紧急了。这家公司的高管曾经大倒苦水："下班以后开会,一谈就是五六个小时,开到深夜是常事。"这样下来,人困马乏,白天哪里还有精力工作。

请你给这些"战士型企业"帮帮忙,思考他们的会议如何形成体系。

_____

_____

参考答案:

咨询顾问与这家企业一起,在第一阶段,按照各个管理领域,重新梳理了四类会议,如图3-21所示:

	1月				2月	
	第一周	第二周	第三周	第四周		
月度管理会议		核心领导班子会议				核心领导班子会议
产品会议		新产品项目管理会议				新产品项目管理会议
营销会议	营销管理会议	营销预备会		营销和运作协调会	营销管理会议	营销预备会
运营会议		供应能力检查	运作计划预备会			供应能力检查

图3-21 重新梳理后的企业四类会议

◇ 高层月度管理会议；
◇ 新产品开发项目管理会议；
◇ 营销管理会议；
◇ 营销和运作协调会。

我们明确了每一类会议的目标、时间、固定的议题。从全年来看，管理议题可以固定：销售与生产的协调每个月讨论一次，销售人员提成制度，每半年集中讨论一次；人员晋级和提升每年讨论一次。以前总裁心急火燎地插手一件件具体的事情，是因为他看着问题没有人解决，着急啊。现在，在总裁的内心里，就知道什么事情在什么时间解决是最适当的，知道当前各类业务相比，哪条线最紧急。

在这样的会议框架之下，设立一个灵活机动的议题，"识别营销管理机遇并解决重点问题"，那么每次会议上都可以增加当前最重要的主题。比如"本季竞争对手推出新产品，严重影响到我们的 A 产品，下月及下季的竞争手段"。

明确每一类会议的参加者。让参会者提前做好准备，熟悉材料，准备预案，避免到了会议上才了解情况。

有明确的输入和输出，给参加会议的"各路神仙"一个思考的框架，避免会议开到最后，议而不决。

如图 3-22 所示，就是一个有的放矢的营销管理会议。

营销管理会议的目的:
考察重点策略的运作,并主动开发新方案,以保证完成已通过的企业增长目标。

计划议程
- 回顾上次会议的备忘录——强调出现的问题
- 考察企业的表现——实际的结果与目标的结果及去年结果的比较
- 考察营销管理绩效指标
- 关于以下方面为企业考察并更新滚动的12个月未来营销计划:
    —— 市场营销计划
    —— 新产品推广计划
    —— 销售计划
- 考察并更新营销预测和预测准确度
- 识别营销管理机遇并解决重点问题

时间
- 每月第一周的星期三上午

参加人
- CEO、营销总监、市场总监、财务经理（销售分析）、产品研发经理、销售预测

主要输入
- 重点企业绩效指标
- 营销管理绩效指标
- 上阶段12个月未来计划
- 上阶段营销预测

主要输出
- 总结相关绩效指标,预算执行情况和纠正问题的计划
- 有选择的向核心小组提交营销管理小组未能决定的问题
- 更新的未来12个月营销计划
- 更新的营销预测

图3-22 有的放矢的营销管理会议

　　从全年来看,形成一个有固定节拍的会议安排,使高层主要管理者可以在年初预知当年重要事件及会议的时间,以便提前安排工作计划。

第四章 金字塔第一层：和老总谈战略类会议

"举手。5000。呼吸。吃饭。85%。15%。"

欧阳手里攥着写有这些字样的纸条（如图4-1所示），走进了陕西南路30号马勒别墅对外营业的咖啡厅。

他知道今天是个好日子，上半年度的市场份额统计出来了，和一年前相比增加了近10个百分点。总经理吴总每逢要和欧阳共同庆祝的时候，就会想起马勒别墅这个闹中取静、典雅精致、还带着一个小花园的去处。欧阳还记得，当初他加盟公司后第一次和老总单独谈心，一直谈到凌晨，也是在这个地方。

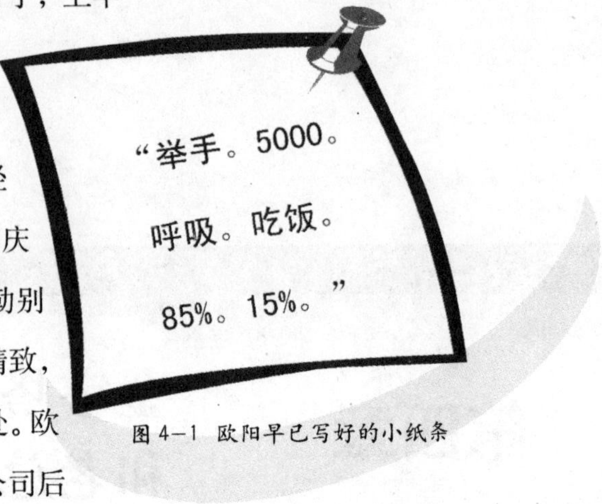

图4-1 欧阳早已写好的小纸条

"你才来啊，我还赶在你头里了。"吴总果然笑容满面，让欧阳赶快落座，"怎么样，老规矩，我没有带手机，你也是吧？"

欧阳会意一笑，说："当然，老总都能不带手机出来，我哪能就比老总还忙，非要别那个定时炸弹不成。"

伴着两杯蓝山咖啡的幽幽香气，欧阳和吴总回忆起这年的一个个关键时刻来，也许只有他们，才知道这10%的增长背后，有多少点点滴滴的辛劳。在畅快的氛围中，欧阳漫谈开来："吴总，其实刚才我进门说的那句话也不对，我说我不该比你忙，你是咱们公司最忙的人，但我昨天通过一个在某企业当财务总监的朋友了解到，他们老总好像就轻松很多。

有意思的是，他们各部门还组织开工作畅谈会，每次找一个基层经理，经过管理咨询顾问辅导以后来当主持人，组织大家给工作找好办法好点子，谁要发言就举手，如果老总发言，也得举手。"

"哦？有点意思，这个老总搞管理看来有点思路，把大家都调动起来，他这是在组织一场朝向重点的集体跑，而不是他自己的个人死跑啊。"

欧阳不由暗暗佩服，"老板毕竟是老板，一点就透"。进门时候攥着的纸条预计能用上了，昨天打的腹稿看来没有白用功。

"我就奇怪老总您怎么这么忙啊，我算了一个数字，结果就不奇怪了。这个数字今天我给您带来了，咱们公司啊，一年要开5000个会。"

"这么多？！"吴总有些意外，皱起眉头算起来。半晌他才说："好像差不多。我想起来了，你上次拿给我的那张'会议地图'挺管用的，虽然密密麻麻，让我马不停蹄，但总归是清楚很多，这5000个会中有不少就得我来参加，我这老马，快跑不动喽。咦，你今天是不是做了什么家庭作业要来和我谈啊？"

"是提前做了作业，可还没完成呢，这不，趁今天找辅导来了。"欧阳决定把他想和总经理谈的问题摊出来了，"吴总，如果您这张会议地图上的会少一些，您会不会介意？我的意思是说，把一些事情、一些会议、一些决策项、一些计划流程，自上向下梳理一下，也许，咱们公司这种忙碌的状况可以得到很好的改善，工作质量和效率都有提高的空间。不过，我自己也有犹豫。"

欧阳喝下一口咖啡，看到吴总在认真倾听他的话，就继续说："因为吴总您说过一句话，经营是呼吸，管理是吃饭。我自己越想也越觉得这是大实话，人片刻不呼吸就完蛋了，饭几天不吃可能还没关系，管理虽然很重要，但在老总的日程表上，永远要放在经营的后面。所以，我还想听听您的意见，我们现在做这种管理上的梳理，时机到了吗？"

吴总沉吟。

欧阳手中的纸条攥得更紧了，手心都出汗了。

吴总捋了一把斑白的鬓角，后背往沙发上靠去，"欧阳，你知道我为什么欣赏你吗？我觉得，你是公司为数不多的既善于呼吸又想着吃饭的人。你提的这个问题，其实我也考虑很久了——你那里市场份额越上来，我就越想这个问题，公司里面的部门越多、员工越多，我就越想这个问题。你知道我的心愿吗？我自己如果能把85%的精力放到体系建设、架构建设、人才梯队建设上来，而不是现在几乎80%的精力放到了经营的重要问题上来，那咱们公司，我觉得就真正上台阶了，销量、利润，其实是在不求中求得的啊。

"欧阳，我知道你们的期望，一切从一把手开始，凡事一把手工程。我也听过一句话：一个企业如何，根本上是由一把手决定的。但我对这句话既同意又不同意。老总如果把自己当作孤家寡人，孤军奋战，振臂高呼时而应者无人，那同样是时机未到。今天你提出这个问题，以及主管你们部门的副总汇报给我的关于你们部门的一些改进、一些效果，这本身，就是时机在一步步被催熟。"

夜色中的小花园，松树、石刻都依稀看不清楚了，咖啡馆里淡黄色的台灯下，两人的咖啡不知道是续到第几杯了。

"欧阳，今天你带作业来，结合我刚才和你谈到的我这一年来到全国各处对市场的观察和思考，我想，这是我们所有的中高层经理，在未来一两年里需要一起来完成的作业。这个作业，也许就要从高层怎么开战略会、怎么管好龙头开始。这个一两年的大作业的命题，我昨天也已经打好腹稿了：管理就是经营，经营就是管理，呼吸就是吃饭，吃饭就是呼吸。"

对于吴总的最后这段话，虽然欧阳还没有马上回过味来，但他心里已经知道，今天攥着的那张密码小纸条，在总经理那里，已经得到了印证。

战略流程→决策项→会议

吴总提到的"从高层战略会议开始、从龙头开始"，我们就需要回答：

◇ 一个企业的战略从制定到执行、监控的流程是怎样的？

◇ 这个流程上，需要做哪些决策？这些决策是否可以对应为一个会议议题？

◇ 哪些会议议题可以归并为一次会议？这个会议的名字叫什么？这个会议如何打上时间"邮戳"，应该在什么时间开？

◇ 按照时序展开、逻辑演进的一个个会议，其目标是什么、输入是什么、输出是什么？怎么从"扫天下"对接到"扫一屋"？

我们下面用一个示例来说明。图4-2是梳理得出的战略从制定到评估的流程，图4-3、图4-4是流程上的决策议题分解。

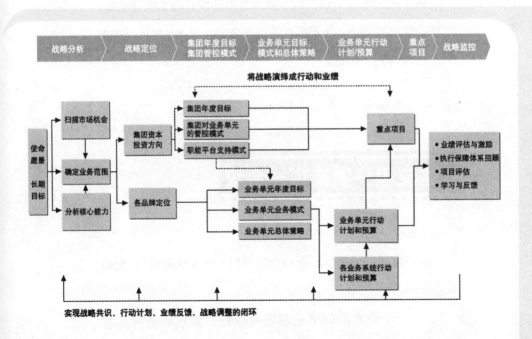

图4-2 战略从制定到评估的流程

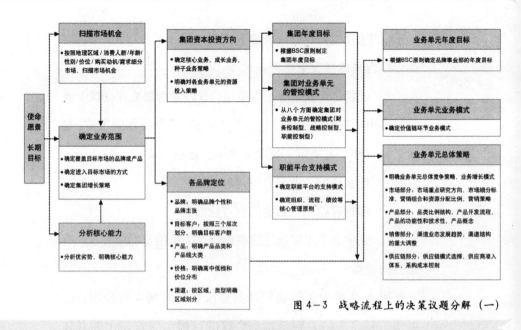

图 4-3 战略流程上的决策议题分解（一）

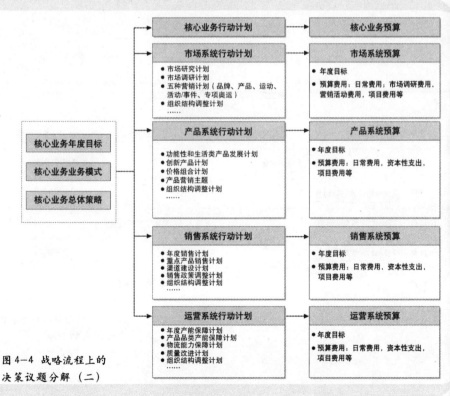

图 4-4 战略流程上的决策议题分解（二）

这里的议题分解，不能拿到任何一家企业直接套用，读者需要结合具体情况来思考：

◇ 议题是否完全等于决策项？议题是否都要在会议上通过群体决策的程序来作出决策？否则的话，该议题的决策，是否就是一种个人决策、制度外决策、越权决策？

◇ 什么样的企业适合做这种分析？

◇ 哪些议题是有必要的、可选的？

◇ 完全靠手工来推进这些议题、决策项及后续会议，有怎样的弊端？

图4-5给出了议题归结到会议后在时间上的分布，图4-6、4-7、4-8则是每个会议的目标、输入输出的具体描述。

	第一周	第二周	第三周	第四周
7月	7/1启动会	战略务虚会	战略研讨会	生意目标研务会
8月		业务策略研讨会		战略管控研讨会
9月	集团战略及策略研讨会			
10月	行动计划/预算沟通会		重点项目审批会	
11月	行动计划/预算质询会			预算目标确认会
12月			董事会质询会	

图4-5 议题归结到会议后在时间上的分布

会议名称	时间	目标	会议输入	会议输出
启动会	X月X日	●确定战略制定的相关组织结构及人员构成 ●确定战略制定的流程 ●确定需要获取的外部资源 ●确定需要的专项调研计划	●《战略制定的组织及流程》提案	●《战略制定的组织及流程》
战略务虚会	X月X日	●运用内外部资源，对于战略制订中需要明确的重要问题，进行专项讨论，形成初步报告/方案	●《重点问题的初步思考》	●《重点问题的初步建议》
战略研讨会	X月X日	●对行业和竞争对手形成共识 ●对消费者行为和态度形成共识 ●对品牌影响力形成共识 ●对核心能力现状形成共识	●行业研究 ●主要竞争对手研究 ●消费者研究 ●品牌调研 ●内部能力探讨	●外部环境分析：行业、竞争，消费者内部核心能力
(集团)战略研讨会	X月X+1日	●确定业务组合和发展策略	●确定集团的业务组合（确定整体的目标市场、进入或退出的细分市场） ●确定集团的核心业务、成长业务、种子业务 ●确定新进入的业务、新目标市场的覆盖方式、业务投资方式及进入策略	

图 4-6 每个会议的目标、输入输出的具体描述（一）

会议名称	时间	目标	会议输入	会议输出
生意目标研讨会	X月X日	●确定生意目标 ●确定各事业部生意目标	●从外部角度（市场增长率、竞争对手的增长状况等），提出品牌生意目标 ●从销售渠道扩张角度，推算目标 ●从股东要求和资本市场要求，提出《财务模型初稿》	●集团生意目标 ●各事业部生意目标
业务策略研究会	X月X日	●确定各业务领域的总体策略	●生意目标 ●市场策略讨论稿 ●产品策略讨论稿 ●供应链策略讨论稿 ●渠道和销售策略讨论稿	●业务策略/对当前业务的策略调整
战略管控研讨会	X月X日	●集团管控模式 ●各职能管控策略	●集团管控模式设计与调整 ●人力资源发展策略 ●财务管控策略 ●信息系统策略	●集团管控模式设计与调整 ●职能策略
集团战略及策略研讨会	X月X日	●形成公司战略和业务策略	●战略和业务策略讨论稿	●战略和业务策略

图 4-7 每个会议的目标、输入输出的具体描述（二）

会议名称	时间	目标	会议输入	会议输出
行动计划/预算沟通会	X月X日	●各品牌事业部总经理对所属业务部门沟通 ●战略目标和要求	●战略、财务、人力资源指导意见 ●各系统行动计划初稿	●GM对鞋系统、服装系统、市场系统、销售系统、运营系统指导和要求
重点项目审批会	X月X日	●确定并审批公司级重点项目 ●平衡并确定管理咨询项目及预算	●项目提案	●第二年要做的公司级重点项目
行动计划及预算质询会	X月X日	●质询并审批品牌事业部的行动计划/预算 ●质询并审批职能系统行动计划/预算	●各品牌事业部的行动计划和预算讨论稿 ●职能系统行动计划和预算讨论稿 ●集团/品牌的损益平衡表、各系统预算费用汇总数据的讨论稿	●各品牌事业部的行动计划/预算 ●职能系统行动计划和预算 ●集团/品牌预算损益表、预算费用表
预算目标确认会	X月X日	●对预算目标的平衡和确认	●集团财务预算讨论稿	●高层及各品牌事业部反馈意见
董事会质询会	X月X日	●董事会质询集团战略执行方案,提出反馈意见	●战略执行方案修改稿	●战略执行方案

图4-8 每个会议的目标、输入输出的具体描述(三)

接下来,我们还可以做更加细致的工作,限于篇幅不再详细展开,只列出以下要点:

◇ 把每个会议的会前准备细项列举出来;

◇ 把每个会议的会前、会中、会后模板设计出来;

◇ 考虑借助于IT系统,多运用IT的"预设包"功能(即大量信息自动带出,不用手工重复填写),从而避免大量的重复文字工作项;

◇ 把每个会议的会前、会中、会后的参会者角色明晰化,对应到部门甚至岗位;

◇ 为相应的部门或者岗位编制通俗易懂、便于领会的《操作指南》等,让各岗位人员迅速上手;

◇ 试点、培训、模拟、练习、实践、总结、再改进、推广。

集团型企业的战略类会议

刚才我们举的例子,是单一产业的企业类型。如果该企业是跨产业、跨产品大类的集团型企业呢?为了回答该集团型企业要开哪些会、会议体系是否和谐,那么就需要研究集团总部与下属业务单元的管控模式。

纵观国内外企业的管理实践,我们把集团型企业的管控模式总体归纳为四种:资本控制型、战略控制型、经营控制型、职能控制型。值得说明的是,每一种管控模式都没有先进和落后之分,"最适合的就是最好的",企业需要考虑图4-9中的各方面因素来选用。

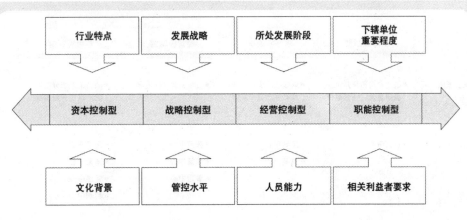

图4-9 影响到集团管控模式选择的若干因素

这四种管控模式,各自的特点是什么呢?知名企业都是采用哪种模式呢?相应的管理边界是什么呢?总部和业务单元各自的角色是什么呢?如图4-10、4-11、4-12、4-13所示:

	资本控制型	战略控制型	经营控制型	职能控制型
定义	集团审查财务状况，获得投资收益	集团设定总体战略方向，并通过各个业务单元的协同效应创造价值	集团对运营管理进行详细的评估	主要职能集中于集团总部
管理目标	追求投资收益	追求协同效益	发挥规模效益	优化经营管理
例证	意大利国家石油公司 United Technology	通用电气 Shell Chevron BP ABB	杜邦 花旗集团 陶式化学公司 拜尔	西门子 宝洁 礼来 辉瑞

图 4-10　四种不同集团管控模式的区别（一）

	资本控制型	战略控制型	经营控制型	职能控制型
企业发展	通过收购和兼并企业，获得多元化业务来保障投资收益	通过收购相似业务或补充产品来赢得发展	在资源允许的情况下，通过扩大生产规模来实现发展	通过扩大细分市场的产品生产规模获得发展
总部定位	投资中心	投资中心 决策中心	投资中心 决策中心 管理中心	投资中心 决策中心 管理中心 利润中心
业务单元定位	决策中心 管理中心 利润中心 成本/费用中心 生产管理中心	管理中心 利润中心 成本/费用中心 生产管理中心	利润中心 成本/费用中心 生产管理中心	成本/费用中心 生产管理中心

图 4-11　四种不同集团管控模式的区别（二）

	资本控制型	战略控制型	经营控制型	职能控制型
母公司角色	●控制者	●引导者/教育者	●经营者	●执行者
集分权程度	●总部集权程度最低	●总部集权程度有限	●总部集权程度较高	●总部集权程度高
总部干预业务单元程度	●程度最低，非经常性 ●仅限于财务指标的审核和资本分配	●程度有限，一般为季度性的 ●注重战略和财务指标回顾和基本指导原则	●经常性的 ●注重于运营表现	●强烈的，经常性的 ●注重在职能上对各业务单元的管理
业务单元承担的责任	●完全的运营和战略自治 ●对财务回报负责	●高度运营自治，战略方向较少自主 ●在成本控制和利润率方面负责	●业务自治 ●对运营表现负责	●自治程度有限 ●对成本和费用控制负责

图4-12 四种不同集团管控模式的区别（三）

	资本控制型	战略控制型	经营控制型	职能控制型
集团价值观	●收益最大化	●引导者/教育者	●经营者	●执行者
职能设置	●总部配备财务和法律事务职能，其他职能都下放到运营实体层面	●战略规划、法律事务和财务职能置于总部 ●总部集中提供某些共享性服务（人力资源、研发、信息应用）	●主要管理职能位于总部，运营职能在总部和各个业务单元同时存在	●主要管理和运营职能都位于总部
管理重点	●财务整合	●宏观政策与集团发展战略的制定 ●协同各业务单元的战略方向	●详细的政策指定 ●通过管理流程进行控制业务单元	●通过职能机构直接领导
总部规模	●最小	●较小	●大	●最大

图4-13 四种不同集团管控模式的区别（四）

我们可以体会到，四种管理模式具体对应着不同的管理边界，那么，集团 CEO 关注的会议、会议议题自然也就不同了。下面，我们就以通用电气公司（GE）的战略控制型为例来具体看看。

杰克·韦尔奇关注的六种、十次会议

为了更好地体验通用电气的传奇 CEO 杰克·韦尔奇一年都在忙些什么，我们可以先设身处地做几个测试题，参考答案蕴含在后文的介绍中。

1. 以下哪种会议是经理人数最多的 GE 大会？
   （1）年度计划会
   （2）各集团业务 CEO 参加的会议
   （3）运营经理会议
   （4）后备梯队培养以及识别人才的会议

2. 在 GE，以下哪一个议题不属于同一种会议？
   （1）今后三年经营计划
   （2）确定全套考核指标
   （3）三年内业绩预测

(4)来自全球各行各业的岗位模范,在年度大会上向150名公司高层领导展示业绩,通过这个平台各个业务集团可清楚地了解自己的差距

(5)投资要求

下面我们先来看看GE的组织结构图,如图4-14所示:

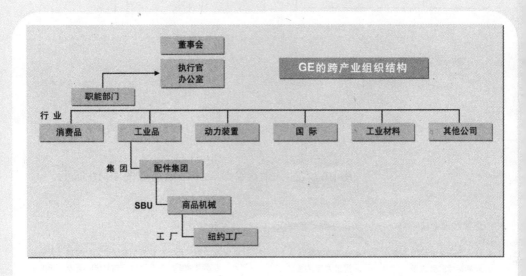

图4-14 GE的跨产业组织结构图

这是一家典型的多部门的集团企业,可贵的是,这个庞大的企业组织多年来能保持年利润两位数增长,而且这家长寿公司,在道琼斯工业指数设立百年(1896年)的时候,是唯一一家仍在榜的公司(1896年共23家)。

我们可以想象,要把这个巨无霸玩转,也许一般的CEO都忙得死去活来。但摆在韦尔奇先生面前的会议地图,如图4-15所示,却帮助他轻松地管理通用电气。

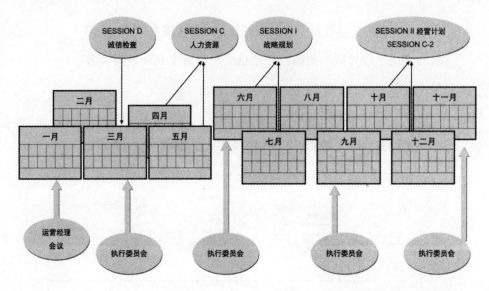

图 4-15 杰克·韦尔奇的会议地图

其中的六种、十次会议，详细描述如图 4-16 所示：

运营经理会议
宗旨：
- 检讨上一年度经营业绩
- 分享最佳业务做法
- 展望当年工作重点和要求

参与者：
- 公司500位经理

次数：
- 1次

执行委员会会议
宗旨：
- 经营业务检讨
- 找出关键议题
- 确定解决方法

参与者：
- 各SBU "CEO"

次数：
- 4次

Session C
宗旨：
- 从上到下检讨公司每个层次结构，经理／人员的业绩及效率；与此同时，向11000GE员工派发无记名总裁调查表，征求对实施公司战略措施的真实反馈
- 找出每个人员业绩差距和岗位轮换、培训要求后备梯队培养、识别人才

参与者：
- 各级经理/人事部门

次数：
- 2次

Session I
宗旨：
- 今后三年经营计划
- 三年内业绩预测
- 投资要求

参与者：
- 高级业务经理

次数：
- 1次

Session II
宗旨：
- 确定年度计划（月度化）指标
- 确定全套考核指标
- 汇总和最后通过业绩计划和考核指标

参与者：
- 高级业务经理

次数：
- 1次

Session D
宗旨：
- 检讨公司内部规章制度执行情况法律风险、经营风险、防范议题

参与者：
- 法律部门和各级经理

次数：
- 1次

图 4-16 韦尔奇关注的六种、十次会议

我们看到了其中的四个SESSION，可以说，这就是GE神话背后的真正有力量的内容。很多坊间的书籍把韦尔奇本人描述成无所不能，其实，一个运营体系的制度化运作，是超越所有个人的真正核心竞争力。GE将其称为GE的运营系统，强调GE运营系统以行动为中心的PDCA模式，如图4-17所示：

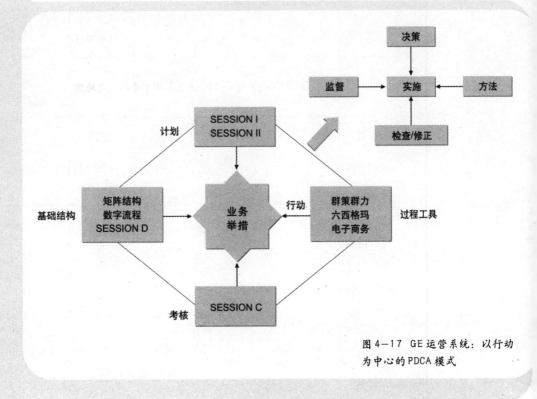

图4-17　GE运营系统：以行动为中心的PDCA模式

我们再来看看这些韦尔奇关注的会议的时序展开，如表4-1所示：

表 4-1 韦尔奇关注的会议的具体说明

时间	会议名称	参与人员	
一月	○运营经理会议	○500名GE全球业务部门的领导	
三月	○SESSION D	○全员	
三月 六月 九月 十二月	○执行委员会会议	○各SBU业务CEO	
四月~五月	○SESSION C	○各级高级经理／人事部门	

主要议题	要点
○ 检讨上一年度经营业绩 ○ 分享最佳业务做法 ○ 展望当年工作重点和要求	○ 研究新一年的战略任务和行动计划。 ○ 制订最低的目标任务和极限任务 ○ 全面贯彻实施
○ 执行诚信检查的各项要求	○ 依据是《员工诚信手册》等
○ 经营业务检讨 ○ 找出关键议题 ○ 确定解决方法	○ 业务结果 ○ 早期发现 ○ 客户反应 ○ 战略举措资源是否充足 ○ 业务管理课程（BMC）建议
○ 公司战略举措层向 GE 领导层汇报他们的进展 ○ 向 11 000 GE 员工派发无记名总裁调查表，征求对实施公司战略措施的真实反馈	○ 从上到下检讨公司每个层次结构，经理／人员的业绩及效率 ○ 找出每个人员业绩差距和岗位轮换、培训要求 ○ 后备梯队培养、识别人才

(续表)

时间	会议名称	参与人员	
六月~七月	○SESSION I	○高级业务经理	
十月~十一月	○SESSION II	○高级经营经理	
十月~十一月	○每年度第二次 SESSION C	○各级高级经理／人事部门	

(续表)

主要议题	要点
○ 来自全球各行各业的岗位模范在年度大会上向150名公司高层领导展示业绩通过这个平台 ○ 各个业务集团可清楚地了解自己的差距	○ 今后三年经营计划 ○ 三年内业绩预测 ○ 投资要求
○ 一轮结束,另一轮开始,确定来年的预算,人事和业务方案 ○ 连续的业务检查和分析确保合适的人在合适的位子上,以保证公司的长期成功	○ 确定年度计划(月度化)指标 ○ 确定全套考核指标 ○ 汇总、通过业绩计划和考核指标
○ 公司战略举措层向GE领导层汇报他们的进展 ○ 向11 000GE员工派发无记名总裁调查表,征求对实施公司战略措施的真实反馈	○ 从上到下检讨公司每个层次结构,经理／人员的业绩及效率 ○ 找出每个人员业绩差距和岗位轮换、培训要求 ○ 后备梯队培养、识别人才

GE这样庞大的组织，运营系统仍能保持以"行动"为中心，每一个企业对此都应深思。韦尔奇的一段话，也许和吴总正在思考的大作业，有一些是共通的：

我们去创立一个跨产业的全球性企业，整个企业既有大公司的优势，同时也消除了大公司的缺点。我们需要去生产一个混血儿，既有大公司实力和资源的庞大身躯，同时又避免一盘散沙的各自为政，要具有小公司那种渴望学习、积极凝聚、活泼好动的精神。

(注：本节GE的相关内容请参考《GE管理模式》，孙琦著，中国人民大学出版社2005年版)

经典案例：
外资企业C如何打造"制造+贸易型企业"的会议体系

C企业是美国某企业在中国投资的一家公司，生产的产品通过各种销售渠道售于全球各大零售商、批发商和OEM客户。

该企业的高层迫切希望加强企业的经营管理，但苦于无法及时准确获得能反映企业经营状况的数据和信息而无从着手。不了解问题就无从解决问题，而反映问题最直接的就是数据和信息。因此，企业高层需要一套经营分析指标来及时掌控企业的经营状况，通过定期的报表来展现，并有与之相适应的会议机制。

由此，涉及"会议体系"的咨询服务需求被提出来。

我们接受委托以后，成立了联合项目组，从该企业的主要业务流程出发，围绕高层决策点、部门之间接口关系和部门内管理信息三条主线，与业务部门经理和相关人员讨论该企业的经营管理决策问题、接口问题和部门内部管理问题。相应设计了该企业的经营分析报表体系（经营分析指标、经营分析报表和经营分析会议三大体系）和经营分析管理机制（会议体系和管理看板），并给出了系统实施和管理提升的策略及建议。

该咨询项目的总体思路如图4-18所示：

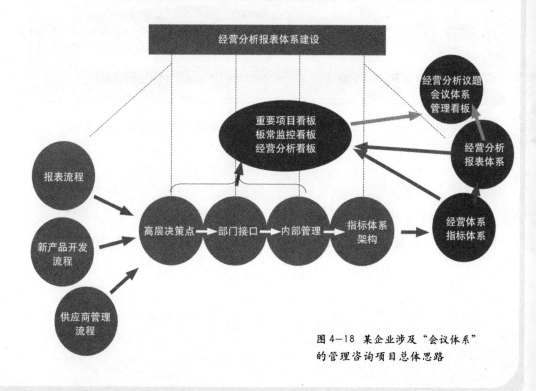

图4-18 某企业涉及"会议体系"的管理咨询项目总体思路

通过经营分析报表体系和经营分析管理体系，全面掌握该企业的运作状况。图4-19就是简要的示意图。

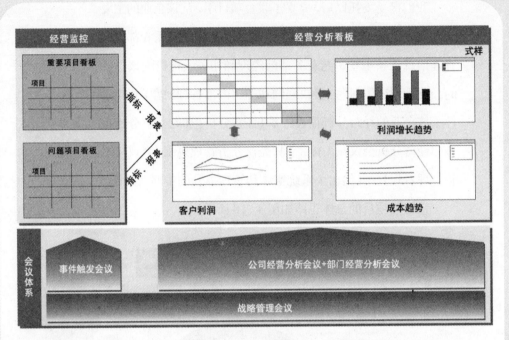

图4-19 某企业涉及"会议体系"的管理咨询项目主要成果

同时，通过指标体系、报表体系和会议体系的设计，为该企业建立了以指标体系为核心的经营分析体系。图4-20给出了简要的示意。

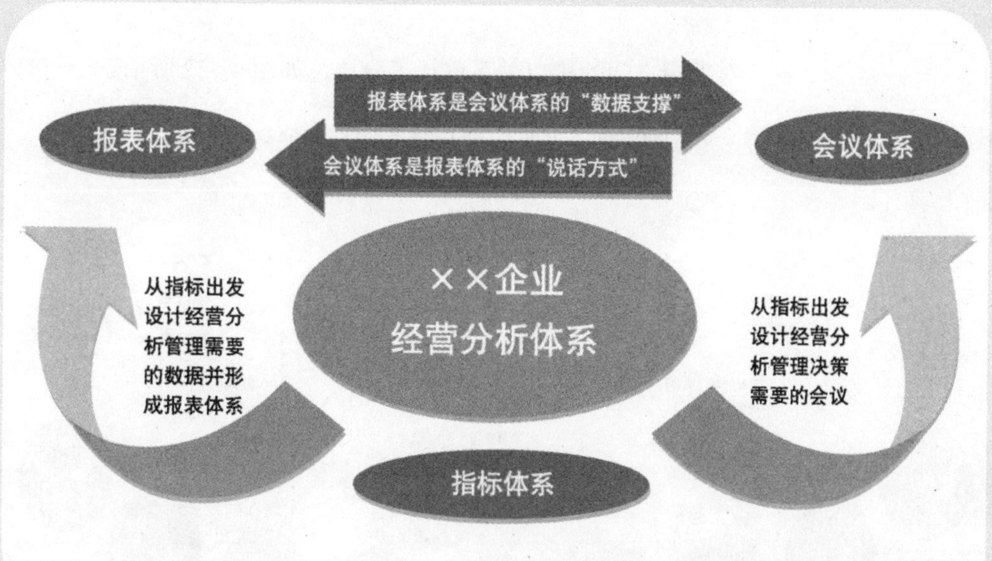
报表体系是会议体系的“数据支撑”
报表体系
会议体系是报表体系的“说话方式”
会议体系
从指标出发设计经营分析管理需要的数据并形成报表体系
××企业
经营分析体系
从指标出发设计经营分析管理决策需要的会议
指标体系

图 4-20　会议、报表、指标之间的关系

项目进展过程中，我们对“流程→流程上的决策→决策所需要的信息”进行了分析，如图 4-21 所示：

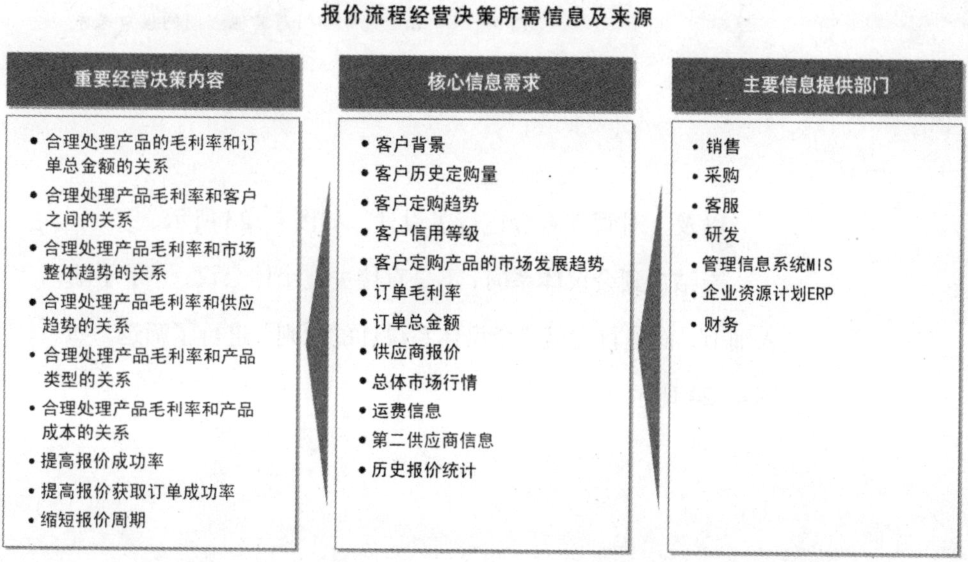
报价流程经营决策所需信息及来源
重要经营决策内容
• 合理处理产品的毛利率和订单总金额的关系
• 合理处理产品毛利率和客户之间的关系
• 合理处理产品毛利率和市场整体趋势的关系
• 合理处理产品毛利率和供应趋势的关系
• 合理处理产品毛利率和产品类型的关系
• 合理处理产品毛利率和产品成本的关系
• 提高报价成功率
• 提高报价获取订单成功率
• 缩短报价周期
核心信息需求
• 客户背景
• 客户历史定购量
• 客户定购趋势
• 客户信用等级
• 客户定购产品的市场发展趋势
• 订单毛利率
• 订单总金额
• 供应商报价
• 总体市场行情
• 运费信息
• 第二供应商信息
• 历史报价统计
主要信息提供部门
• 销售
• 采购
• 客服
• 研发
• 管理信息系统MIS
• 企业资源计划ERP
• 财务

图 4-21　报价流程的决策和信息分析

对部门之间的接口关系进行了分析,如图4-22所示:

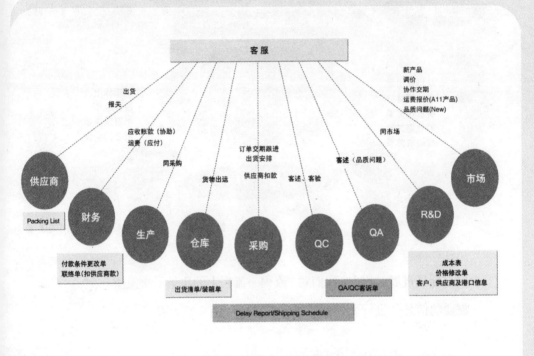

图4-22 客户服务部门与其他部门的接口关系

以及,对管理看板进行了设计,如图4-23所示。

当结合到会议体系时,不是直接关注个体会议,一下子陷入细节,而是首先就"会议体系设计的原则"进行了筛选,如图4-24所示。

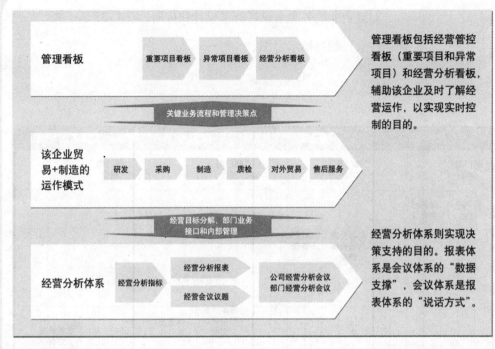

图 4-23 管理看板与经营分析体系

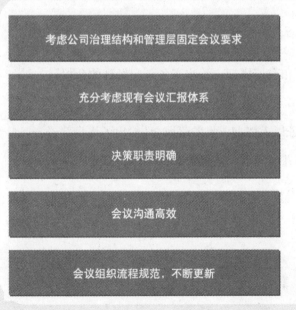

图 4-24 C 企业会议体系设计的原则

对该企业的各类会议进行了设计和排期,图 4-25 是一些周期性会议的排期示意图。

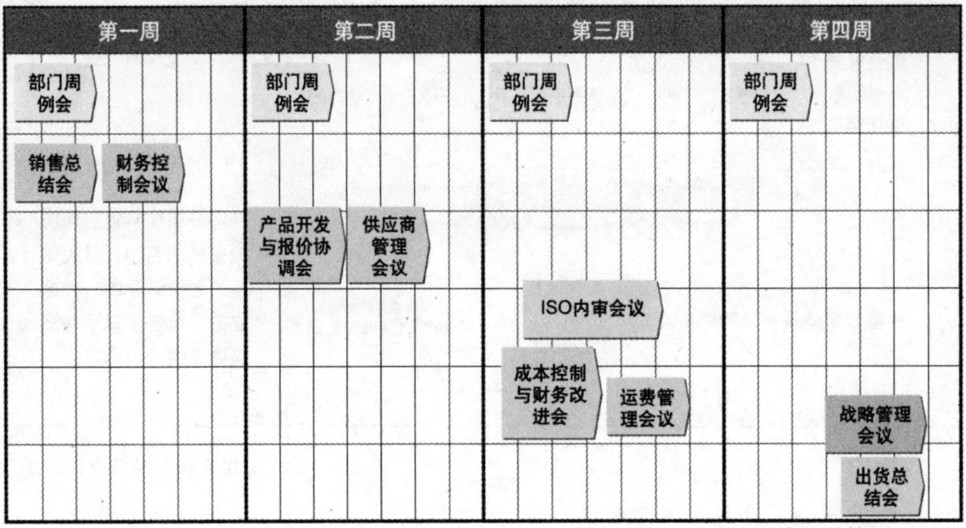

	第一周					第二周					第三周					第四周			
部门周例会						部门周例会					部门周例会					部门周例会				
销售总结会	财务控制会议					产品开发与报价协调会	供应商管理会议												
											ISO内审会议								
											成本控制与财务改进会	运费管理会议				战略管理会议				
																出货总结会				

图 4-25 一些周期性会议的排期

根据会议体系和会议排期,给出了各部门经理的会议日程表,如图 4-26 所示。

同时,为了保证以上咨询成果的落地,还给出了逐步部署的实施意见:选择并实施合适的商务智能和协同商务软件系统,如图 4-27 所示。

	周一	周二	周三	周四	周五	周六	周日
WK.31					1 每周生产计划会	2	3
WK.32	4 每周销售调拨会议	5	6 营销管理小组会议	7 每周生产计划会	8	9	10
WK.33	11 每周销售调拨会议	12 新产品项目管理会议	13 核心领导班子例会 / 营销预备会	14 每周生产计划会	15	16	17
WK.34	18 每周销售调拨会议	19	20 运作计划预备会议	21 每周生产计划会	22	23	24
WK.35	25 每周销售调拨会议	26	27 运营管理小组会议 / 销售与运作协调会议	28 每周生产计划会	29	30	

图 4-26 C 企业一位经理的会议日程表

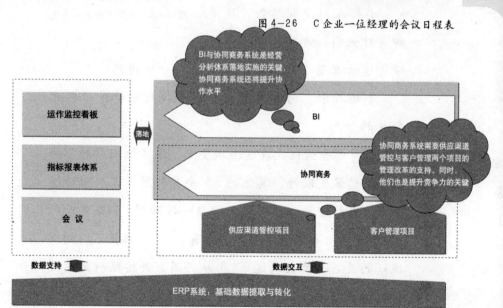

图 4-27 软件系统如何支撑会议体系

第四章 金字塔第一层：和老总谈战略类会议

自测题：读哲理故事并回答问题

七个小矮人

古希腊时期的塞浦路斯，在一座城堡里关着七个小矮人（如图4-28）。传说他们因为受到了可怕咒语的诅咒，而被关到这个与世隔绝的地方。他们找不到任何可以求助的人，没有粮食，没有水，七个小矮人越来越绝望。

图4-28 小矮人被困在城堡

小矮人们没有想到，这是神灵对他们的考验。神灵希望经过这次考验，使小矮人们能悟出一些道理。

小矮人中，阿基米德是第一个收到守护神雅典娜所托的梦的。

雅典娜告诉他，在这个城堡里，除了他们呆的那间阴湿的储藏室以外，其他的25个房间里，有1个房间里有一些蜂蜜和水，够他们维持一段时间；而在另外的24个房间里有的有石头，其中有240块形状不同的玫瑰红的灵石，收集到这240块灵石，并按照一定的规律把它们排成一个圈的形状，可怕的咒语就会解除，他们就能逃离厄运，重归自己的家园。

第二天，阿基米德迫不及待地把这个梦告诉了其他的六个伙伴，其中有四个人都不相信，只有爱丽丝和苏格拉底愿意与他一起去努力。

开始的几天里，爱丽丝想先去找些木柴生火，这样既能取暖又能让房间里有些光线；苏格拉底想先去找那个有食物的房间；而阿基米德想快点把240块灵石找齐，好让咒语解除。三个人无法统一意见，于是决定各找各的。但几天下来，三个人都没有成果，倒是耗得筋疲力尽了，更让其他的四个人取笑不已。

但是三个人没有放弃，失败让他们意识到应该团结起来。他们决定：先找火种，再找吃的，最后大家一起找灵石。这是一个共同而明确的目标，三个人都觉得可行，结果很快找到了火种，并很快在左边第二个房间里找到了大量的蜂蜜和水。

在忍受了几天的饥渴之后，看到这么多的蜂蜜和水，他们狼吞虎咽了一番，然后带了许多分给特洛伊、安吉拉、亚里士多德和梅丽莎。温饱的希望改变了这四个人的想法，他们后悔自己开始时的愚蠢，并主动要求和阿基米德一同寻找灵石，解除那可恨的咒语。

为了提高效率，阿基米德决定把七个人分为两路：原来三个人，继续从左边找，而特洛伊等四人则从右边找。但问题很快就出来了，由于前三天一直都坐在原地，特洛伊等四人根本没有任何的方向感，城堡对于他们来说像个迷宫（如图4-29），他们几乎就是在原地打转。阿基米德果断地重新分配，爱丽丝和苏格拉底各带一人，用自己的诀窍和经验指导他们慢慢地熟悉城堡。

当然，事情并不如想象中那么顺利，先是苏格拉底和特洛伊那组，他们总是嫌其他两个组太慢；后来，当过花农的梅丽莎发现，大家找来的石头里大部分都不是玫瑰红的；最后由于地形不熟，大家经常日复一日地在同一个房间里找灵石。大家的信心又开始慢慢丧失。

阿基米德非常着急。这天傍晚，他把七个人都召集在一起，商量办法。可是，交流会刚开始，就变成了相互指责的批判会。

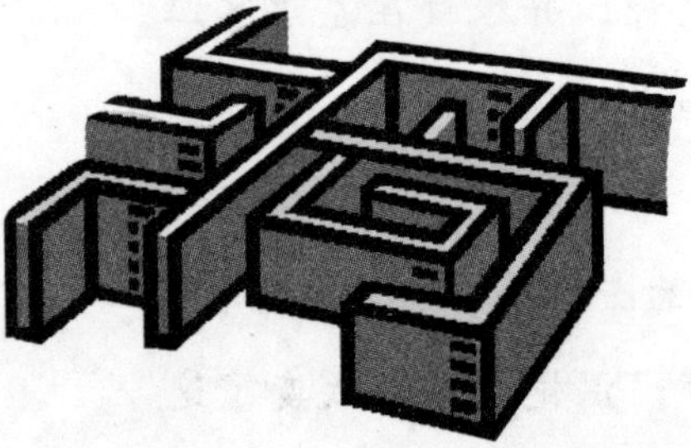

图4-29 城堡里像迷宫一样的房间

急性子的苏格拉底先开口："你们怎么回事，一天只能找到两三个有石头的房间？"

"那么多房间，门上又没有写哪个是有石头的，哪个是没有的，当然会找很长时间了！"爱丽丝答道。

"难道你们没有注意到，门锁是上孔的都是没有石头的房间，门锁是十字型的都是有石头的房间吗？"苏格拉底反问道。

"干吗不早说呢？害得我们做了那么多无用功。"其他人听到这样的话，似乎有点生气……

经过交流，大家才发现，原来他们有些人可能找到有石头的房间很快，但可能在房间里找到的石头都是错的；而那些找灵石找得非常准的人，往往又速度太慢。

于是，在爱丽丝的提议下，大家决定每天开一次会，交流经验和窍门，然后，把很有用的那些经验都抄在有亮光的墙上，提醒大家，省得再去走弯路。这面墙上的第一条经验就是：将我们宝贵的经验沉淀下来，不要重犯已经犯过的错误。

在七个人的通力协作下，他们终于找齐了240块灵石，但就在这时，苏格拉底停止了呼吸。在大家极度震惊和恐惧之余，火种突然又灭了。

没有火种，就没有光线，没有光线，大家就根本没有办法找到这240块灵石的特点，也就无法按照一定的规律把石头排成一个圈。

大家都纷纷想办法生火，本以为是件简单的事，哪知道，六个人费了半天的劲，还是无法生火——以前生火的事都是苏格拉底干的。

寒冷、黑暗和恐惧再一次向小矮人们袭来，灰暗的情绪波及到了每一个人。阿基米德非常后悔当初没有向苏格拉底学习生火，让核心的东西只掌握在了一个人手里，而不是将其共享、整理，让更多的人学习掌握，并成为整个团队的财富。

各位读者,通过这个故事,您悟出什么道理了吗?您在故事中发现哪些突发事件?这些事件能提前管理吗?如果本故事一次次重演,那么需要如何把"事件触发"变成"时间触发"、"例行管理"、"事前管理"、"体系管理"?您有什么体会,请写在下面:

第五章

金字塔第二层:让运营类会议成为发动机

这段时间以来，有不少事情在一点点演进中：

◇ 先是吴总在总经理联席会上，把管理梳理的命题摆到了桌面上，引发了好几位副总的共鸣。

◇ 欧阳受命成为这次专题改进课题的项目经理，李标、刘静等人积极地参加到这个课题组中来。

◇ 战略类会议的一些细则已经开始起草，外部顾问也参与给出了修改意见。几次会议按照细则中的既定目的、既定议程开下来，好几位参会者都反馈说，原来要开一整天的会，把人都拉弹簧拉疲软了，现在直奔主题，小半天就能散会了，正好留有足够的精力去执行去落实。

◇ 中层的一些经营开始摸底，组织调研、收集问题、到现场倾听。

可就是眼前这份"中层调研总结"，让欧阳有些意料之中，又有些意料之外。本来，他对于中层工作的繁忙程度是有心理准备的，这是意料之中；意料之外的，刘静组织调研并提交上来的这份总结，竟然每页上都赫然画着三根鸡毛。

调研报告里不仅包括了图5-1所示的"运营中的问题列举"、图5-2所示的"中层的工作状态描述"，还列举出了一些中层经理强烈要求解决的问题：

☹ 我们这个行业季节性很强，但每个季节到底要做多少事情，哪些是常规的，哪些是特殊的，谁能说清楚？

☹ 这些事情，哪些先做，哪些后做，哪些可并行，是不是所有人都清楚？是不是这些事情在时间和内容上真的有联系？

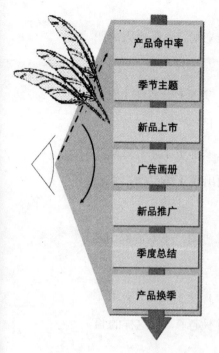

营销、研发、OEM采购都在收集信息,但研发和采购的产品总与市场的需求差一点点。

要开订货会了,却总是有样品无法准时到位,琳琅满目的样品也让客户挑花了眼,不知道我们要倡导什么?总觉得有点乱乱的。

产品该换季了,过季产品大促销,却发现产品还没到货,搞得无货可卖,可竞争对手已经卖得热火朝天了,导购员心里有点说不出的痛,不知道问题出在哪里?

产品上市了,才发现我们的新品画册、POP海报要么没到,要么宣传的总是与货架上的东西有那么一点点不符。

新品上市了,分公司办事处在推广新品时,总是有些准备工作差了一点点,丧失了不少的机会。

一个季节结束了,老板觉得好像赚了钱,却搞不清到底有多少?也不知道问题出在哪里?

春季要结束了,夏季要上架了,冬季要准备了,还有南北的季节差异,几个季节交错在一起,搞得有点头晕。

图 5-1 鸡毛信:运营中的问题列举

图 5-2 鸡毛信:中层的工作状态描述

☹ 这些事情,到底该谁负责?谁来配合?配合人的职责是什么?该如何考核他们?

☹ 每个季节到底要开多少次会,做多少份文件才能把事情做得顺畅一点,是不是需要规范一下?

☹ 每个季节结束了,是不是让大家都坐下来好好总结一下,到底出了什么事情?同样的问题出现了第二次,第三次,至少不要出现第四次!

☹ 每个季节是否需要一个人来总协调,不要靠部门之间吵来吵去的?

☹ 是不是要一个好的IT平台来支撑季节的运作,光靠打电话、开会、写报告,好像真的是搞不定了,但这样的IT平台到底是什么呢?

俨然,这是一封鸡毛信。

欧阳体会到了总经理在那个晚上说的那句话,"运营就是管理,管理就是业务,呼吸就是吃饭,吃饭就是呼吸。""艾小莉,请来一下,"欧阳拨通了助理的分机,"艾小莉,你帮我算算,这封鸡毛信除了需要复印给咱们这个专题组的人员,还需要复印多少份?"

艾小莉接过一瞧,不一会儿就明白了她的任务,她一入职就是配合欧阳工作,早已有了工作默契。况且,这段时间以来,李标和刘静他们参加的讨论会,艾小莉也是一直负责会议纪要的。她已经了解到,推动企业变革提升的首要一步,就是"树立紧迫感",欧阳正是让她把这种紧迫感传递到更多的经理那里去。

"知道了，该了解这两封信内容的经理都要复印送达，欧阳，我们不会像送信的放羊娃那样，把鸡毛信盖在大羊尾巴下面藏起来！"

运营主线→决策点→会议

欧阳收到的鸡毛信，代表了不少企业中层经理的呼声，他们肩上的担子很重：他们是职能部门的负责人，对上要承接战略，对下要部署一线操作，左右都是要协调的各个部门。如果没有一些全局的、突破部门框框的思考，就很容易越忙越乱、越乱越忙起来。

图5-3以一家鞋服企业为示例，给出了从运营角度的主线分析。

图5-3 某企业的运营主线

这条主线告诉我们，一个产品季有七个阶段，如果按照多产品季展开来，则如图5-4所示：

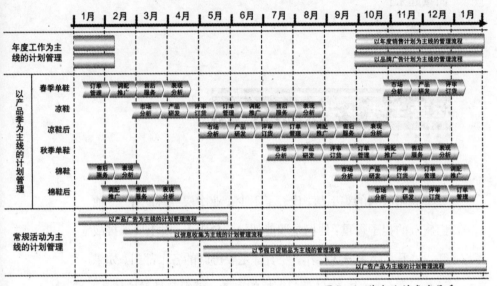

图5-4 某企业的多产品季

进一步，我们梳理出各产品季的关键里程碑、达成里程碑所需要的关键决策项（这个示例中达到170个左右，用小三角表示）、关键决策所需要的需求，则如图5-5（是示意图，实际的决策项分布会更加细致）所示：

图5-5从纵向看，则是每个月度的维度。我们可以看到，每个月会做涉及多产品大类的工作，其中不少重要事件会常规发生、每年重复。那么这些常规性的工作，就值得标准化、模板化起来。具体做法可以如下所示，限于篇幅，我们在此不再详细展开。

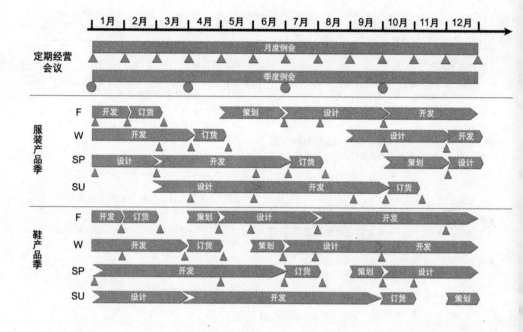

图 5-5 各产品季的关键决策项

◇ 纵向得出月工作任务、月度可能涉及的会议议题；
◇ 从议题到会议的分配、会议到会议角色的分配；
◇ 得到中层经理各人的会议地图。

这种主线的梳理直至落实到会议，其实就是一种业务逻辑的因果分解，即：要达成宏观的战略目标，具体需要做哪些细部工作，接着需要做哪些更细部的工作。一级级的细部工作是"因"，"因"都达成了，那么"果"就会在不求中求得。——吴总在马勒别墅说的那句话，"体系建设好了，销售和利润，将在不求中求得"，就是这个意思。

我们来对比一下，把这种业务因果分解关系和会议结合起来的前后有什么不同，如图 5-6 所示：

采取因果分析之前	采取因果分析之后
缺少因果分析 ● 人们参加一场子会议,往往准备从集体讨论中得到好主意和结果,于是会前不思考 ● 会议气氛是消极地对着既成事实的失望和滞后信息叹息 ● 等待每月一次的分析,这种反应式的解决问题的方法既浪费了宝贵的时间又浪费了有价值的信息	**展开因果分析** ● 会前准备好哪些问题,将获取重要的战术性知识的重担转移给负责的个人 ● 经过一段时间后,人们将提前进行决策过程,自然而然在会前进行准备活动,使因果分析成为一种生活方式
常见的错误 ● 收集数据,研究自己的失败,识别进程中遇到的根本障碍,然后停下来讨论其他备选方案的优点 ● 带着打算解决问题的承诺和想法来参加会议,却没有采取行动,借口是因为等待"某个人的批准"	**汇报已采取的纠正行动,把会议从检查阶段提升到行动阶段** ● 通过会议程序激发个人,将已知的东西变成可定义的东西,比如会前问题:你已经采取了什么纠正措施 ● 个人用尽精力作出纠正行动,团体成员通过,就能估计个人的变化是否足以消除差距和维持进步

图5-6 是否采取议题分解的"因果分析法"的不同

这种因果分解,是管理学上普遍的做法,通过"分解",将"模糊"、"综合"的管理概念,落实为"可检测"、"可控制"、"可操作"的工作细项。我们来看一个著名的Q12分解(Q12的精髓在于测量和行动两个阶段的循环开展),它由盖洛普公司提出,把"基层员工士气管理"这个模糊综合的概念,落实为12个细项,供基层员工来回答"Yes"或者"No":

◇ 我知道对我的工作要求;
◇ 我有做好我的工作所需要的材料和设备;
◇ 在工作中,我每天都有机会做我最擅长做的事;
◇ 在过去的七天里,我因工作出色而受到表扬;
◇ 我觉得我的主管或同事关心我的个人情况;

◇ 工作单位有人鼓励我的发展；

◇ 在工作中，我觉得我的意见受到重视；

◇ 公司的使命／目标使我觉得我的工作重要；

◇ 我的同事们致力于高质量的工作；

◇ 我在工作单位有一个最要好的朋友；

◇ 在过去的六个月内，工作单位有人和我谈及我的进步；

◇ 过去的一年里，我在工作中有机会学习和成长。

这种分解结构，就为人力资源部经理如何开"基层员工士气提高专题会议"提供了指导。各位读者，您觉得对于中层经理来说，还有哪些好的分解方法，可以用于我们的会议、用于管理标准化与系统化提升，欢迎您通过邮件与我们交流。

上面的案例我们是以制造型企业，同时销售形式是走渠道的企业展开论述的，那么，如果是项目型企业呢？其运营主线会如何？

我们以地产企业为例来说明，运营类会议的梳理，在不同行业需要把握各自的运营特点，即：从业务特点出发，来规划会议，如图5-7、5-8、5-9所示：

图5-7 地产行业的运营主线

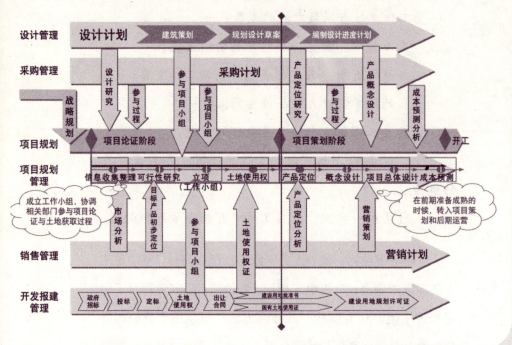

图 5-8 地产行业的项目规划主线

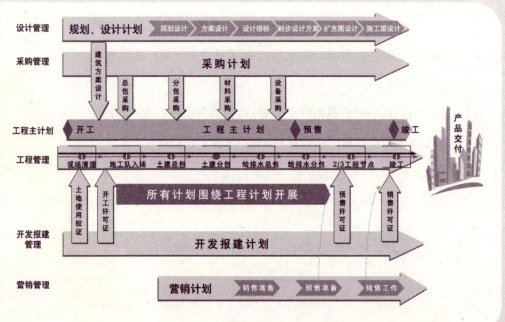

图 5-9 地产行业的项目运营主线

那么，如果是混合管理模式呢？即如图5-10，一家企业不属于地产行业，有自己的分销和零售环节，但又采取项目管理的模式。

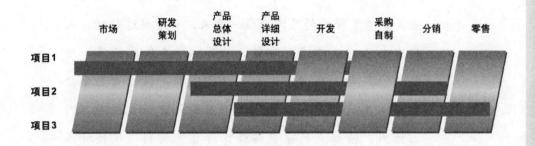

图5-10 某企业的混合管理模式

部门间开会吵架怎么办：运营类会议三种冲突场景

以上，我们谈得更多的是"运营类会议"的盘点、梳理、规划、设计的问题，其实，要开好运营类会议，还需要一些技能与技巧。一个突出要解决的问题就是：运营类会议上的参会者都是一些同级的不同部门的领导者。由于"屁股决定脑袋"，各部门彼此都有自己的本职工作，部门间在运营类会议上吵架就成了一道常见的风景线。下面，我们就来谈谈"如何控制好会议中的冲突和压力"。

　　圣经《旧约》上说，人类祖先最初讲的是同一种语言。他们在底格里斯河和幼发拉底河之间，发现了一块异常肥沃的土地，于是就在那里定居下来，修起城池，建造了繁华的巴比伦城。后来，日子越过越好，人们为自己的业绩感到骄傲，于是决定在巴比伦修一座通天的高塔，来传颂人类的赫赫威名，并作为集合全天下弟兄的标记，以免分散。因为大家语言相通，同心协力，阶梯式的通天塔修建得非常顺利，很快就高耸入云。上帝耶和华得知此事，立即从天国下凡视察。上帝一看，又惊又恕，因为上帝是不允许凡人达到自己的高度的。他看到人类这样统一强大，心想，能建起这样的巨塔，日后还有什么办不成的事情呢？于是，上帝决定让人世间的语言发生混乱，使人们之间的言语互相无法理解。

　　于是，人们开始讲不同的语言，彼此很难进行有效沟通，无法统一思想，并且开始互相猜疑，各执己见，争吵斗殴。这就是人类之间误解的开始。

　　修造通天塔的工程因语言纷争而停止，人类的力量消失了，通天塔最终半途而废。

　　《旧约》中的这个故事告诉了我们一个道理：团队没有默契，就不能发挥团队绩效，而团队没有交流沟通，也不可能达成共识。而会议，是团队沟通交流最普遍最有效的方式：

◇ 通过会议，使不同的人、不同的想法汇聚一堂，相互碰撞，从而产生"金点子"——许多绝佳的创意就是开会期间不同观念相互碰撞的产物。

◇ 通过会议，使事情的多方参与者坐在一起，大家都有机会反映自己权责范围内的情况并就此发表意见，领导和相关各方都能全面、综合地了解事态，并通过讨论与决策的形式解决纷争、制定解决方案。

◇ 会议是跨部门、跨岗位进行团队沟通的最直接、最直观、最广泛使用的方式。随着科技的迅猛发展，人们的沟通方式越来越多，现在人们可以通过E-mail、多媒体等种种方式进行沟通，但是，群体沟通，即会议这种方式，是任何其他沟通方式都无法替代的。因为这种方式最直接、最直观，这种方式最符合人类原本的沟通习惯。

如图5-11所示，通过会议，就会对运营问题产生很多好的想法。

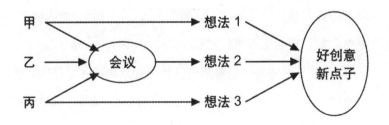

图5-11 运营类会议：不同部门进行运营问题交流的有效方式

什么是冲突？

冲突是个人和个人之间、个人和团体之间或团体和团体之间，由于对同一事物持有不同的态度与处理方法而产生矛盾。

冲突的实质是观点差异。

冲突之所以发生，可能是因为利益相关者对若干议题的认知、意见、需求、利益不同，或是基本道德观、宗教信仰等不同因素所致。冲突，很多时候看上去是不可避免的。可是，是不是没有冲突的会议或者沟通就意味着更好呢？

非也。两千多年前，孔子就提出"君子和而不同"的思想，和谐以共生共长。显然，冲突太多或太少对组织的发展都是不好的。冲突过多会造成混乱、无序、不合作和分裂；冲突太少会使组织对变化反应迟缓，缺乏变革动力和欲望。具体来说：

◇ 冲突是会议中的必然产物。在会议沟通的过程中，每个人都会有自己的想法和意见，分歧无处不在，因而冲突也是会议中的必然产物。

◇ 建设性的冲突，是实现会议目的的必要条件。只有充分获得各方的不同意见，才能真正全面了解问题、解决问题，集思广益，搜集更多更好的点子。

◇ 破坏性冲突，是影响会议效率和效果的主要原因，在沟通讨论的过程中，冲突太少或者冲突激化、失控，都是破坏性的。如图5-12所示：

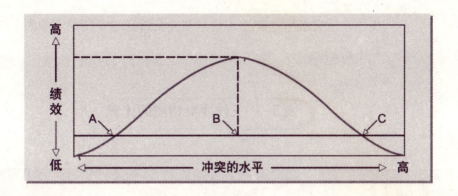

图 5-12 冲突的三种场景与绩效

而控制冲突,会议主持者所要做的就是:冲突过少时,鼓励有益的冲突;冲突过多时,抑制冲突,努力维护一个和谐的沟通秩序,从而提高沟通的绩效。

从图 5-12 中,我们可以看到,开会的绩效随着冲突的水平呈现这样的曲线:

◇ 在 A 情景,由于冲突水平过低,发言和讨论都很少,没有达到沟通交流的目的,会议的绩效低;

◇ 在 B 情景,冲突控制在一个适量的水平上,参会者为了实现共同的目标,积极发言,并认真听取其他人的意见,会议的气氛和谐而充满活力,达到了较高的绩效;

◇ 在 C 情景,冲突水平过高,争执过于激烈,各方都只关心自己的胜利,争着表达自己的观点而听不进其他人的意见,会议绩效很低,沉于无效的争吵甚至发生人身攻击。

因此,要实现良好的会议冲突管理,就是要激励有益的建设性冲突——冲突水平适量的 B 情景,抑制破坏性冲突——冲突水平过低的 A 情景和冲突过激的 C 情景，如表 5-1 所示：

表 5-1 三种冲突情境的比较

情境	冲突水平	冲突类型	内在属性	绩效
A	低或没有	破坏性	冷漠的、停滞的、对改变没有反应、缺乏新意	低
B	适量	建设性	有活力的、自我批评的、创新的	高
C	高	破坏性	破坏性的、无秩序的、不合作的	低

很容易想象，当我们怀着极大的热情提出的意见遭受到参会者近乎藐视般的否决之后，会意味着什么？或者，还有更糟的，当你正充满豪情地发表着"演说"的时候，却发现大部分人都在低头对着自己的笔记本"忙碌"着……问题出在哪里？

畅所欲言，想说就说

好的会议要紧密围绕着主要的议题，尽量让每一位参会者都发言，提出自己的想法。因此营造一个良好的发言环境非常重要，这将直接影响到参会者的发言和思考的积极性，反之，则往往会导致 A 情景的发生。

可是，如何营造这种积极的气氛呢？在这方面专家们提出了各种说法，比如禁止对现有观点的批评；追求观点的数量而不是质量；鼓励狂热和夸张的观点；提倡在他人提出的观点之上建立新观点；延迟评判；欢迎自由思考，各抒己见；追求数量；拒绝批评；欢迎"自由奔放"；异想天开，构想越多越好等。

总的来说，应遵循的原则可以概括为以下六点：

◇ 鼓励激进的想法——意见越多，产生好意见的可能性越大，好想法的出现都是有一定比例的。

◇ 可以建立在其他人的意见之上——即可以借鉴别人的意见。除了提出自己的原创性意见外，还要对他人已经提出的设想进行补充、改进和综合。

◇ 始终聚焦于主题——在活动过程中，参会者思考问题必须紧紧围绕会议的主题，这样才能保证所提出的新想法对解决实际问题有帮助。

◇ 不准评论他人构想的好坏——评论他人构想的好坏会直接影响发言人的发言积极性，可能会使其以后不愿意再提出自己的想法，同时也会给其他人造成一种负面的影响而不敢发言，从而使整个活动无法达到预期目标。

◇ 服从主持人的裁决和指挥——主持人是整个活动顺利进行的维护者，要处理各种在活动中可能出现的问题，因此对主持人做出的裁决和指挥，其他人必须服从，以保证活动的顺利进行。

◇ 不建议私下交流——会议要的是大家各抒己见，探询的是新想法和新思路，而不是大多数人认为的所谓的有效或正确的方法，而私下交流可能会使交流者的思想和意见偏离其原有的想法，很可能会导致大家众口一词，这就严重背离了会议搜集各方意见的目的。

当然，激发出每一位成员的热情，对于团队建设和会议的效果非常重要。所以，在会议的开展过程中，还应尽量避免使用那些可能影响其他人思考和发言积极性的词语，例如，"理论上可以说得通，但实际上并不如此"、"没有价值吧"、"可能大家不会赞成"、"会被人讥笑的"……

学会发言，习惯倾听

在众人参与的会议上，只有当参会者都能发表意见并且了解其他人的意见时，才是所谓的"沟通"。会议的目的——搜集各方信息和多方共同讨论，以便作出决策——才会达到。因此，会议管理者必须维护好这样的秩序：

◇ 要让每个人都有机会发表意见，并且都能完整地把话说完，这样才能获取每个参会者的信息，并且调动了参会者发表意见、参与沟通交流的积极性；

◇ 要求参会者听取其他人的意见，在会议的沟通交流中，了解其他人的信息和意见，既是参会者的权力，又是他的义务。

平衡会议中的压力

在会议中，过大或过小的压力都会直接影响参会者发表意见的效果：

◇ 像冲突水平过低的 A 情景，会议冷场，没人发言，参会者没有了参与沟通、发表意见的责任感，进而失去了由责任感带来的正常压力，"不愿说话"了。或者，参会者十分担心发言的后果、怀疑自己发言的资格，从而产生了过大的压力，"不敢说话"了。

◇ 像冲突水平过高的 C 情景的出现，讨论的矛盾激化、气氛过分紧张，参会者的情绪也会随之变得很激动，从而带来很大的压力。

因而，要抑制 A 情景和 C 情景，鼓励建设性冲突、建立积极的沟通氛围，会议中的压力管理是基础，而这部分内容，我们会在下一节详细展开。

防止 B 情景向 C 情景转化

我们经常会遇到这样的情况：会议开始时秩序良好，大家都积极地参与讨论；不知不觉气氛越来越激烈，和谐的讨论逐渐演变成火星四射的争执甚至吵架；争执者都在高声发表着自己的观点而听不进别人的意见，甚至由议题的争论转向人身攻击，场面失控，会议的议程完全无法继续下去。

这就是典型的 B 情景向 C 情景转化的过程。在 B 情景，虽然讨论激烈，但冲突保持在一个适量的水平上；而在C情景，讨论过激、场面失控，冲突具有了破坏性。因此，迅速鉴别B情景建设性冲突与C情景破坏性冲突的临界状态，及时对情况做出判断并控制场面，从而抑制B情景向C情景的转化，是会议冲突管理的关键。

B情景和C情景的具体特征对比，如表5-2所示：

表5-2　B情景和C情景的具体特征对比

B情景	C情景
○双方对实现共同目标的关心	○双方对自己观点的胜利十分关心
○乐于了解对方的观点、意见	○不愿听对方的观点、意见
○以争论问题为中心	○由问题的争论转为人身攻击
○互相交换的信息不断增加	○互相交换的信息不断减少
○愉快的气氛，舒缓的心情，感觉通过交流获得新知	○情绪压抑，内压增高

破坏性冲突的处理策略

在C情景，参与人都沉于低效甚至恶意的争执中，讨论效率低下，会议目标无法达成，所有人的时间都在被白白浪费着。因此，当冲突变为破坏性、争执激化时，主持人和参会者需要根据不同的情况及时采取不同的处理策略，如表5-3所示：

表5-3 破坏性冲突的处理策略

处理策略	处理结果	适用情景
○强制	○满足我方需要，而不考虑对方的需要	○快速、决定性的行为：紧急事件 ○遇到不同寻常的情况时 ○有关大众利益的
○合作	○让彼此的需要百分之百得到满足	○双方所关心的事十分重要，且无法妥协时 ○当目标明确时 ○整合不同的看法 ○整合不同的关系
○妥协	○透过相互的让步，促使彼此的需要得到局部的满足	○当目标明确，但不值得努力，或存在潜在瓦解危机时 ○势均力敌的对手相互排斥时 ○非常复杂的议题 ○时间及成本具有相当压力时 ○合作与强制都不成功时

（续表）

处理策略	处理结果	适用情景
○ 回避	○ 双方的需要都没有得到满足 ○ 委曲求全，不考虑自己的需求	○ 议题微不足道，或者有更重要的议题时 ○ 毫无机会可满足所关心的事时 ○ 潜在的分裂超过解决问题所带来的利益时 ○ 使人冷静下来及有重要认知时 ○ 搜集资料比立刻决定来得重要时 ○ 别人能更有效率地解决问题时
○ 顺应		○ 发现自己错误时，显示自己的理性 ○ 议题对别人来说比自己重要时，保持合作态度满足别人 ○ 将损失减到最低 ○ 当和谐与安定更重要时 ○ 允许属下从错误中学习，发展自我

认识到"会议压力"和"中国人"性格之间的关系，对会议创新做中国式改造

通常来说，压力分为以下两种情况：

◇ 个人面对具有威胁性刺激情景，意识无法消除威胁脱离困境时的一种（被压迫）感觉；

◇ 内在与外在的要求之综合大于个人适应能力时，心理上产生的一种压迫感（无法负荷）。

在会议沟通过程中，如何控制参会者的压力保持在一个适当的水平，避免不必要的过度的压力呢？中国人的性格障碍是压力的构成因素之一：

◇ 中国人的性格总体上偏于内向。在开会讨论的时候，不愿意主动发表意见。虽然主持人可能事先要求参加者踊跃发言，但是真正开始以后，却时常形成冷场的局面，这更加导致参会者降低发言的欲望，甚至有很多人隐约觉得在众目睽睽之下讲话"有点傻"，会被人认为是出风头，招惹是非。

◇ 中国人有一种做"狙击手"的心态和习惯。俗语"枪打出头鸟"说的就是这个道理。开会的时候自己不说话，只等别人提出一些想法以后，开始评头品足，不但严重打击了提意见的人的积极性，抑制了他们的思维，还给大家造成一种观念，就是开会的时候"谁先讲话谁先死"。当创新的想法都被批判得体无完肤的时候，就不会再有人去做发散性思考，群体智慧根本不可能再发生激荡，创新和集思广益就成了无水之源。

◇ 中国人面子观念太重。参会者在自己说话的时候，会顾虑到自己的发言是否会伤及他人的面子，搞得别人不开心，给自己的人际关系埋下隐患。这就与中国人的内耗和暗地里斗的心理特征结合起来了。开会的时候参加的人越多,发言者要考虑的对象就会越多。

基于国人的性格问题对会议的压力影响,在引进和实施一些创新的会议形式时(例如"头脑风暴"),要注意与我国实际情况相结合,充分考虑国人的性格问题,对新式方法进行"中国化改造"。下面我们给出了日产等企业的高效会议实践,读者可以思考如何进行"中国式改造"。

日产等企业的高效运营会议实践

◇ 不请决策者参加,以免影响讨论方向;

◇ 时间以"分"为单位清楚划分;

◇ 会议有"保密协定",参会者不分职位高低畅所欲言;

◇ 让员工接受"会议招集人"的专业训练;

◇ 会议招集人保持立场中立,全力协助会议顺利进行;

◇ 精准计算会议成本:会议成本=人数×时间×薪资单价;会议报酬率=会议成本/会议效益。

(注:日产汽车靠着有效的会议革命,省下了60亿日元成本,日产总结说"有效开会,稳赚不赔"。《日经商业周刊》评论说,"日产亮丽的成绩背后,是成功的会议"。)

丰田公司的办公室标题：只开有实际效果的会议；从准备开始，最好一小时内结束；重点在实际行动。

Watamt Feed Service：速会、速决、速做。

花王企业：开放空间开会，有机动性、资讯快速共享、即时决策。

日本ORACLE公司：双色会议室，两种使命感。红色房间通知晋级晋职，青色房间作为讨论与训话场所。

经典案例：
如何用IT系统来支撑运营类会议

实例1：D企业希望从原有的、传统单一的OA系统，切换到"流程管理＋会议管理＋报表管理＋文档管理"的综合软件平台，使得该IT系统能支撑如图5-13所示的主要流程。

为了达到这个目标，管理咨询顾问和该企业一起制定了工作思路，如图5-14所示：

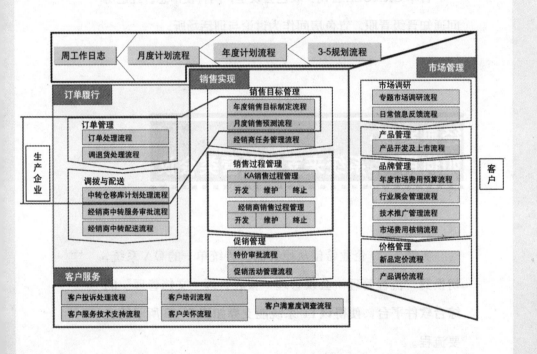

图5-13 D企业的主要流程

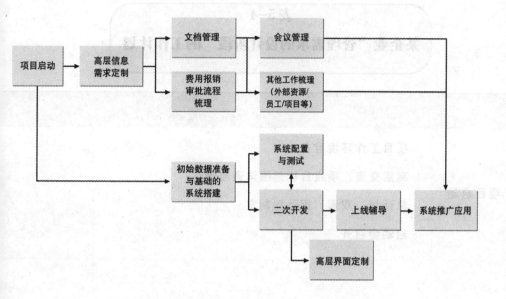

图 5-14 D 企业涉及"会议体系"的管理咨询项目总体思路

该项目的计划,整体分为两期:管理需求的设计阶段、IT 软件的实施与推广阶段。

在第一期,即"管理需求的设计阶段",具体工作分解如表 5-4 所示:

表 5-4
某企业"管理需求的设计阶段"的工作计划

工作阶段	工作内容
项目启动	○项目工作环境准备 ○高层交流，项目目标范围沟通与确认 ○总计划、双周、周计划制定 ○启动会召开
高层信息的定制	○针对CEO及各位副总，沟通并确认高层决策所需要的信息
文档管理	○文档目录体系的设计，文档分类、分级，主要包括： ——集团级应用的目录设计 ——集团部门级应用的目录设计 ——营销公司级应用的目录设计 ——目录与文档的权限体系设计 ○三个部门的知识地图清单梳理与设计，包括 ——信息管理部知识地图 ——财务管理部知识地图 ——人力资源部知识地图 ——知识地图的维护

核心关注问题	主要交付物	目的／说明
○本项目需要达到哪些具体目标 ○项目具体思路是什么 ○项目总体计划是什么	○项目管理文件与模板 ○工作计划	○重申项目目标与计划 ○使项目组内外的成员达成共识
○高层决策需要哪些信息 ○原有ＯＡ系统能够提供哪些重要信息	○各高层的信息需求及界面设计	○为集团几位高层提供定制化的信息界面
○如何设计完善且规范的文档目录体系 ○如何设计权限体系，既保障信息安全、又促进信息共享 ○如何保证知识地图的质量和维护效率	○文档目录体系 ○目录与文档的权限体系 ○知识地图清单与维护	○搭建完整的文档管理体系，促进知识的共享，使该企业变成一个有"记性"的企业

(续表)

工作阶段	工作内容
费用报销审批流程的梳理	○ 集团与营销公司日常行政费用报销审批流程的调研 ○ 费用类型的分类、划分，包括： 　　——差旅费 　　——培训费 　　——员工福利费 　　——日常费用 　　…… ○ 审批规则的整理与讨论 ○ 费用报销审批流程的流转图、表单和关键字段的明晰
会议管理	○ 基于现有的会议体系，将会议管理落实到系统中： 　　——例行会议，设定时间触发的工作流 　　——非例行会议的召集机制设计 　　——会前会后相关文档模版的强制化 ○ 相关会议文档模板的梳理，关注集团层面的会议，包括： 　　——集团年终大会 　　——季度的绩效考核会 ○ 各系统的月度例会，包括： 　　——总裁办公会、战略信息专题会议 　　——营销分析专题会议、销售和生产运作协调会议 　　——财务分析专题会议、审计专题会议 　　……

（续表）

核心关注问题	主要交付物	目的／说明
○日常费用报销审批流程的复杂程度如何	○费用报销审批流程梳理与系统实现	○节省报销时间，提高审批效率，通过报表提供管理分析
○系统能为现有的会议体系提供哪些重要支持	○会议管理及系统实现	○提高会议效率，实现会而有议，议而有决，决而有行，行而有果

表 5-5
某企业"IT 软件的实施 & 推广阶段"的工作计划

工作阶段	工作内容	
基础的系统搭建	○ 系统安装与测试 ○ 组织结构、测试用户账号设置 ○ 用户权限与多维度文档目录结构的初步设置 ○ 集团所有账号的设置（权限设置） ○ 配置方法的培训与实践	
系统配置与测试	○ 目录与文档的功能配置、费用报销工作流的配置 ○ 会议管理的配置、OA 系统功能的迁移 ○ 各项配置的测试 ——费用报销工作流的测试（三次） ——原有 OA 的现有工作流迁移后的测试 ——高层信息门户的测试与反馈	
二次开发	○ 实施过程涉及特殊需求，需要进行系统的二次开发 ——系统与邮件系统的单点登录 ——工作流批量审批 ——高层界面定制 ——与 RTX 的集成 ——相关报表开发	

核心关注问题	主要交付物	说明
○IT部门人员能够熟悉软件系统的基础配置方法	○初步成形的系统	
○如何保证配置效率 ○如何组织不同规模的测试保证系统的稳定性	○系统功能的配置完成	
○如何保证开发的功能效果又不影响系统的稳定性	○开发需求清单及功能实现	○需要明确二次开发的工作量

(续表)

工作阶段	工作内容	
高层界面设计	○高层关注的核心信息、核心数据分析 ○针对高层领导一对一设计高层平台，主要包括： 　——高层平台工作流设计 　——高层平台文档设计 　——高层平台整体界面设计 ○高层平台的沟通、讨论与修订 ○一对一实施和推广高层平台	
系统上线辅导	○原有系统停用，新系统的全面推行 ○相关问题的及时处理	
系统推广应用	○执行系统推广使用计划 ○将更多部门的用户纳入到系统中 ○在更多部门启用文档管理、工作流等功能 ○大面积的培训工作	
培训工作	○持续的培训准备、组织与实施 　——高层培训 　——IT人员的配置培训 　——用户使用培训	

（续表）

核心关注问题	主要交付物	说明
○如何找到高层的核心关注点和使用习惯进行设计和实现	○高层平台正式应用	○针对副总以上高层定制系统界面，与系统实施并行
○如何让各部门人员尽快会用、爱用新的系统 ○如何保证及时应对系统的问题	○系统正式上线应用	
○如何保证推广计划的合理性	○系统推广应用与配置调整	○以企业人员推广为主，咨询顾问为辅
○如何保证培训工作的效率与效果	○IT部门掌握配置技能 ○用户掌握使用方法	

在第二期,即"IT软件的实施&推广阶段",具体工作分解为表5-5所示:

实例2:图5-15以鞋服行业的企业E为例,给出了"季节主线的计划管理平台"的建设步骤。我们可以看出,IT在这里支撑的不仅仅是将手工工作电子化,而且还支撑着业务与决策的系统化、标准化。

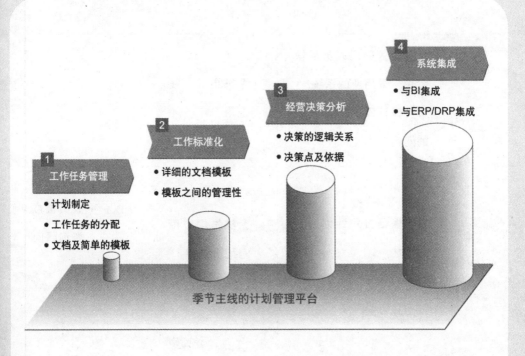

图5-15 企业E的"季节主线的计划管理平台"的建设步骤

实例3：油脂行业企业F注重产品创新，企业不断推出新品，图5-16是企业F的研发流程示意图。

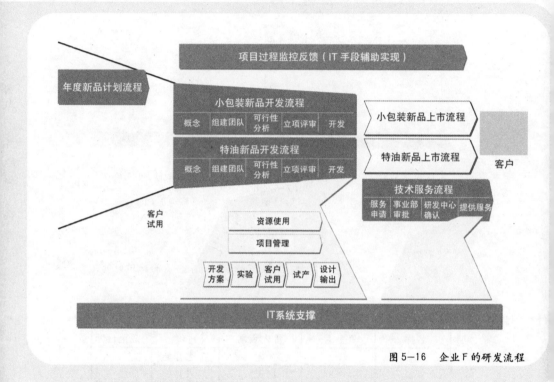

图5-16　企业F的研发流程

那么，怎么用IT来支撑研发流程的决策、研发流程中的会议呢？图5-17给出了一个截屏，是该企业的IT应用的一个细节，对于流程中的会议，借助IT来定义会议周期、触发条件。

坐议议程			
会议主题			
会议组织者:	开始日期: 2007-7-20		开始时间:
地点:	结束日期: 2007-7-20		结束时间:
目的			
议程项目		负责人:	分配的时间:

交办事项				
名称	负责人	优先级别	进度	截止日期
		无	尚未开始	
		无	尚未开始	
		无	尚未开始	

会议上提供的资料

资料名称	数量	备注
	0	

与会者信息

姓名	电子邮件地址	出席
		☑
		☑
		☑

图5-17 借助IT来定义会议周期、触发条件

自测题：
请你帮这家公司走出会议困境

各位读者，以下案例是关于腾飞公司的会议困境，请您从"会议"的视角来分析，帮助这家企业的各位经理。您的任何意见、看法，欢迎通过邮件告诉我们。

夜幕不知不觉地悄悄垂下，远处星罗棋布的高楼上，霓虹灯闪闪发亮。十一月的上海，已经有一些寒意了。今天是星期五，路上不多的行人也行色匆匆，看来正急着往家里赶。吴云飞已经在窗前站了好一会儿，他发现自己似乎从来没有这样仔细地观察过浦东的夜色，现在才意识到来上海四年了，浦东变化是如此之快，尽管自己每天都生活在这里，但只是沉迷于自己的工作，却从来没有注意过身边发生的静悄悄的变化。

吴云飞所在的企业是腾飞电信设备制造公司，这家企业主要是研发、生产、销售无线通讯的终端产品，如手机、对讲机等。回想起自己四年前刚从清华大学研究生毕业来到这家企业时，还不叫腾飞公司这个名字，而是一家邮电部所属的电信研究院。自己当时也是个朝气勃发的毛头小伙子，因为对科研工作具有浓厚的兴趣，婉言谢绝了深圳一家民营企业的高薪邀请，义无反顾地来到了上海，从事自己喜爱的研发工作。

但是从1999年开始，政府机构开始进行改革，国家各个部委所属的研究院开始了企业化经营和运作，当时的上海设计院还是一个纯粹的国家设计研究院，大家已经习惯了原来的科研节奏，一切科研费用来自国家计划下拨。只要把科研计划写好，一切就等国家的拨款了。没有人真正关心这个项目是否能应用于生产，将来是否能有产品投入市场。当设计院转制初始之时，所有的人对自己能否适应这种变化都没有做好足够的心理准备。

1999年的年底，设计研究院与上海的一家电信设备厂共同组成了一家公司，正式命名为腾飞公司，寓意中国信息产业的腾飞。当时的电信设备厂主要生产小型程控交换机，效益还不错。新的腾飞公司成立以后，公司决定利用原设计研究院的科研实力和强大的生产制造能力开始介入无线通讯领域，开始生产无线对讲机。在2000年上半年，公司看到国内手机市场潜力巨大，便利用自己的科研实力，在引进国外技术和设备的同时，开始生产手机。现在公司不但建立了覆盖全国的产品销售网络，同时，还与国外著名的手机制造商共同建立了联合实验室，进行手机的研发和开发工作。

在腾飞公司的发展过程中，吴云飞也凭借自己的学识与才干，从一名普通的研发人员晋升为腾飞公司的总经理助理，此外，吴云飞还利用业余时间在复旦大学攻读MBA学位。

"叮铃铃"，电话铃响了起来，吴云飞皱了皱眉头，快步走到公办桌前拿起电话。

"小吴，今天下午的公司经营会议开的怎么样呀？"电话的另一端是公司总经理叶子逸的声音。叶子逸今年年初刚刚从北京调来,现在是腾飞公司的董事长兼总经理。在刚刚调任过来时,叶子逸的职务还只是公司的副总经理,主要负责管理科研工作。在今年十月份,原来的老总退休了,集团公司领导换届时,大家都以为公司的董事长肯定是现在主管生产的副总经理李同明。因为李同明是腾飞公司元老之一,在腾飞集团公司重组成立之前,他就是电信设备厂的厂长,对生产的方方面面都非常熟悉。但是上级任命的结果却出乎每个人的意料——叶子逸为腾飞集团公司的董事长兼总经理。这一点也出乎叶子逸的意料,他没有想到自己会这么快就成为拥有五六千人的大公司的老总。在叶子逸负责管理研发部门的时候,吴云飞是当时的研发部门经理,直接协助他开展工作。叶子逸刚刚来上海,吴云飞给了他非常大的帮助和支持,同时他也发现吴云飞是一个非常踏实肯干的年轻人,尽管刚刚三十出头,但是稳健的工作作风、得体的工作方法一直很得他的赏识。叶子逸成为集团公司的一把手后,就迅速把吴云飞提升为总经理助理,让他主管公司的日常经营,而自己可以腾出手来,着重研究公司下一步的发展战略和市场开拓工作。现在叶子逸正在北京出差,和合作伙伴商谈手机销售的渠道问题,因此,他安排吴云飞代他主持这一周的经营会议,现在他想知道公司的情况如何。

吴云飞接起电话,并没有马上回答,他回想起了下午在公司参加生产经营会议时的情景:

生产部经理刘明生在下午的会议上首先发言:"我们现在的零部件采购计划已经报给采购部两周了,可是很多零部件到现在都没有到货,如果在本周四还不能到货的话,我无法保证本月生产任务的及时完成。"

刘明生的话刚刚说完,销售部经理唐强就迫不及待地发言:"这个月的订单一定要保证及时交货。这个客户是我们今年刚刚合作的伙伴,对我们公司未来的发展极为重要!"

采购部经理杜雪良无奈地说:"订单我们上周才接到,我们一接到生产部的订单,就积极联系。但是现在国际市场上电子元件的供应极为紧张,很难说采购周期有多长。目前,我们正在采取措施,准备在国内企业订购一部分替代元器件。但是现在我还是无法给大家一个确切的时间表。"

刘明生问道:"订单我在两周前就给财务部进行审批了,你们怎么刚刚收到呢?"

财务部经理王美云抱歉地回答说:"两周前,我一直在外地出差,上周回来后才把这个申请批了。"

人力资源部经理陈志强说:"今天上午,研发部门的周彤向我提出辞职!"

"什么,他要辞职!"研发部经理秦军宁差点从椅子上跳起来,"如果他走了,现在的研发项目就要停下来,怎么会这样呢?"

陈志强补充道:"今天上午,周彤跟我说现在一家外企正准备用年薪30万元来聘请他,他考虑了很久,觉得外企的机会更多一些。"

"是呀,你们看看,我们这里的研发人员一年平均也就能拿到七八万元左右,外企的高工资的确对很多人都有吸引力,我建议我们对研发人员给予一定幅度的加薪。"秦军宁说道。

没想到话音未落，公司的副总经理李同明就说话了："你们现在不要开口闭口就要求提高待遇，你们自己也应该清楚，现在研发人员的平均工资已经是整个公司人均工资的两倍了，现在在座的大部分人的工资恐怕都没有刚刚毕业两年的研发人员高吧。我们公司现在不能像跨国公司那样，动辄给出二三十万年薪。而且我们公司现在研发人员工资结构也不合理，干活多的和干活少的都挣一样的钱。这种情况不改变，我看再怎么涨工资也没有用处。"

刘明生说道："现在的研发管理非常混乱，研发项目进展缓慢，问题很多，而且很多产品在投产后，还要不断更改设计。"

"我看现在最主要的问题还是科研体制的问题，我们现在虽然是研究院变成了公司，但是科研管理的体制还停留在过去的研究院，最关键还是改变公司的研发体制。"人力资源部经理陈志强说。

研发部经理秦军宁叹了口气，说："大家说的都非常有道理，但是我们这种研究院式的研发体系存在几十年了，要真正改起来谈何容易呀！现在很多事情都无法理顺。我们公司在今年年初就提出要将研发重点由传统的 GSM 手机转向 CDMA 手机上来，但是现在过去了半年，还是没有定下来；另外现在由于我们生产扩张速度非常快，我们的研发人员经常被市场部的人员拉去参加各种推广活动，宣传产品特点，这些人都是技术骨干，对我们的研发进度肯定会造成干扰；此外，研发部门在申请购买研发设备时，一台测试仪表只有2000元，但是财务审批的过程要一个星期，我们的研发进度怎么能保证……"

会议开到最后已经演变成了一场论战，大家都在互相推诿和攻击，指责其他部门的工作。尽管会议由下午两点钟一直开到晚上八点多钟，但是依然什么结论也没有得出。吴云飞心情沉重地回到办公室，默默地站在窗前，一直思考着公司近来的状况。

"喂，小吴，你听到我说的话了吗？"电话另一端传来叶总略带责备的声音。

"叶总，我听到了，只是下午开会时讨论的问题都比较尖锐，我一时不知从何说起……"吴云飞把下午的情况简要地给叶子逸说了说，又谈了谈自己的想法，"叶总，我觉得现在公司的管理一直没有走上正轨，虽然我们公司成立已经一年多了，但是合并后两种不同的组织文化还在碰撞和磨合过程之中，加上我们这两年一直处于扩张之中，我们配套的各种管理制度也没有跟上，我觉得我们现在正处于一个十分重要的时刻，应该在企业内部进行一次管理改造。"

"小吴呀，你的想法非常好，我支持你！我最近要一直在北京谈判项目，可能要一个星期之后才能回去，我希望你能把管理企业日常经营的担子挑起来，要注意和李总搞好关系，多听听他的意见和想法，你能行的！"电话里叶子逸并没有给吴云飞明确的指示，也没有提出明确的方案。

吴云飞放下了电话，又久久地陷入了沉思，他要好好想想自己从何处入手，又采取什么步骤来改善管理。

（注：**本案例中企业及人物为虚构，若有雷同纯属巧合**）

以下是两位专家对本案例的简要分析，仅供读者参考：

第一位，郭建荣先生（AMT Consulting 高级顾问）

腾飞公司的业务部门和职能部门经理一起召开经营会议，这是一个很好的起点。本案例体现了腾飞公司的管理在HR、产供销协调等方面存在着突出的问题。解决这些问题，需要腾飞公司作出一次变革及之后的长期执行，这些都需要时间。那么，在短期内，从哪些地方改进可以迅速见效呢？

从案例中，我们可以看到，这次经营会议呈现出一个特点：一连串发言的焦点并不是指向同一处。生产、销售、采购、财务部门关心订单的协作，人事、研发部门关心人员的去留，科研管理体制也在这次会议上讨论，这些议题并不属于同一个层面，也就是说同一个会议的议题是发散的，讨论也会变成发散的，这样的讨论很难就某个具体问题得出最终的结论，最终演变成"互相推诿和攻击，指责其他部门的工作"，会议效率极其低下。

对于腾飞公司来说，研发管理机制等问题需要一次变革，解决起来时间较长。短期内需要迅速见效的方案，可以先建立体系化的会议管理，在一个体系化的框架基础上，解决一个个实际的问题。比如，在业务层次的会议上，研究产供销环节在当月如何协调；在人事会议上，研究其他企业高薪吸引本公司人才的对策。

会议管理做到何种程度才能称为好的会议管理？我认为，概括起来，运行良好的会议管理体系有三个特征：第一，会议组织有效率，包括会议安排的系统性、整合性和高层时间的利用效率；第二，会议决策有效率，包括明确每次会议议题、会议的目标比较清晰、议题有针对性的支持信息、会议参与人角色和职责明确；第三，知识积累有效果，高层会议积累和沉淀企业经验，添加到决策支持信息中。

如何让会议更高效

要做到会议组织有效率，最重要的就是需要对不同的会议进行分类，明确各种会议之间的逻辑关系、会议时间和参与人。那么如何进行会议分类呢？从会议产生的动因来看：决策规律的不同，引发不同的管理会议类型。一个企业，决策的思考和决定存在规律性。根据对许多企业实践的总结，主要有三类决策：时间触发型决策、流程触发型决策、事件触发型决策。

时间触发型的决策，举例来说，CEO每年或者每半年就要对当年战略执行效果进行评估，销售总监每月都需检查销售计划的达成情况，这样的决策形成固定周期的管理例会。

流程触发型的决策相对来说比较复杂，不同的企业，流程的特点也会有所不同。部分行业，例如服装行业，业务呈现出季节性的特点，此类的决策也有季节周期性。一般来说，企业的日常决策都有战略层和业务运营层两个方面。战略一般从公司财年的中期开始，此时CEO和管理团队聚在一起开会，明确阐述公司的战略愿景，并重新调整战略规划，确定公司及各部门预算，对员工进行年度绩效评估。业务运营方面，市场、产品研发和开发、采购、生产、销售等环节通常是常年需要做的。除了日常决策，企业还会启动若干大大小小的项目，项目立项审批、关键里程碑以及项目验收也需要高层介入进行决策。因此，可以把流程触发型的决策分成三类：战略管理流程上的决策、业务运作流程上的决策、项目管理流程上的决策。这些决策引出了战略会议、业务运作会议、项目管理会议这三类会议。

事件触发型决策是指当企业各业务负责人发现问题需要紧急进行决策，需要召集相关人员开会。在公共关系领域，有时某个新产品出现问题或者媒体披露某件有不良影响的事件，这时需要开会讨论用何种策略进行危机公关。

对于每一类决策，确定各类会议的先后逻辑和时间安排。值得注意的是，会议的时间有时会出现冲突，需要协调，这时，要优先安排高层（CEO/CFO及其他高管）的时间。会议的安排还会受到节假日等因素的影响，需要对时间进行调整。

让知识更好地沉淀

高层会议的结果需要保留，让知识更好地沉淀，对于形成特色鲜明的企业文化非常有帮助。会议体系中的知识积累工具主要有会议纪要和会议卡片等形式。每次开会结束，及时记录会议的主要决议，并把会议相关信息填入会议卡片中，用于存档。会议卡片需要注明会议时间、地点、人员、议题、议题所需报告报表、会议待决事项、跟踪记录等信息。

对于腾飞公司的案例，当确立会议管理体系后，在会议体系的总体框架下讨论问题，逐个解决产供销协调、人事问题、研发管理机制等问题，这样，就会逐步改善公司管理。可以说，经营和管理会议是企业发展的核心推动力，是公司管理的发动机。

第二位，莫琳女士（AMT Consulting 高级顾问）

上述案例中出现了企业管理会议中常见的两种通病：

第一，大家都在互相推诿和攻击，很少对自己职责范围内的工作做总结和检讨，都是在指责其他部门的工作；

第二，人人都在埋怨，对出现的问题很少思考和讨论如何改进，并解决这些问题，更多地只是在强调情况的无奈和改变的难度。

于是，讨论变成了论战，时间白白浪费，问题提出来了又全都不了了之。

会议是企业管理中最重要的实现和执行方式之一。小到一个小组、一个部门，大到一个公司，一个集团，管理会议无处不在。而上面我们所说的两个通病，就像摆脱不掉的幽灵，在大大小小的会议上留下了它的烙印。吴云飞的困扰，更是千千万万的管理人员的困扰。

通病一的对症下药：用数据说话，为会议提供企业经营管理报表的支撑

通过建立配套的企业经营管理报表，能有效客观地反映企业整个价值链上各个环节的执行情况和各个部门的运作绩

效，为会议提供数据支撑。这样，在企业管理会议上"用数据说话"，就可以避免很多纠缠不清的互相推诿和攻击。

企业每天都在产生大量的操作层面的数据，来自于企业日常工作的方方面面：采购、销售、库存、财务，等等，这各个层面的信息没有经过加工或者只经过简单加工，一般为直接统计和汇总的工作清单和状态报告，数量往往很大。操作层面的数据为操作提供着数据支撑，主要为业务人员和中层管理人员使用。

随着企业的发展、管理的完善和对管理要求的提高，应当建立一套企业管理报表：它需要反应部门的绩效、部门的协作、价值链上关键环节运作是否正常，以及对异常的发生提供预警。对于容易引起互相推诿现象的部门协作、接口的环节，在明确的流程设计和职责划定的基础上，将报表中的各项指标指派给对应的价值链环节中相关要点的责任方来负责。

这套企业管理报表属于监控层面的数据，为中高层管理者所用。通过数据的支撑，将大大提高中高层管理者对业务的管控能力：随时掌握企业各个方面的日常运作状况，对发生的问题能及时发现并依据数据快速做出分析和判断。

通过这样一套企业管理报表，在企业管理会议上，各部门通过报表来展示自己的工作和绩效，上级领导通过报表来审核和掌控各个部门、各个方面的运作情况；对于报表反映出来的异常情况，通过相关报表数据来对问题进行分析，就能找出：是谁的问题？是什么问题？哪方面出了问题？从而可以有效减少会议上互相推诿和攻击的情况。

通病二的对症下药：
达成协议与解决问题的六步骤

会议最重要的目的之一就是达成协议和解决问题，而这一般要经历以下六个步骤，如图5-18所示：

图5-18 达成协议与解决问题的六个步骤

这需要会议主持人和参会者共同按着这六个步骤推进会议讨论的进度，最终达成协议和解决问题。

第一步，点明困难所在。

要展开整个议程，首先必须把困难阐述清楚。"点明困难"一般来说比较容易完成，难就难在对场面的控制上。要避免参会者对困难的抱怨一发不可收拾的情况，及时停止对解决问题难度的不断强调。

第二步，发现问题并寻找解决方法。

人们不愿意面对问题的原因有时很奇怪，如恐惧、幻想和不切实际的担忧等。如果把这些担忧摆出来，它们可能很快会在阳光下化为乌有。当参会者在某个问题的处理上逡巡不前时，主持人可以建议他们分析比较一下解决与不解决这个问题分别会出现哪种结果。有时，经这样直接一问，大家就不会总是考虑可怕的后果，而是愿意努力解决问题。这个步骤要做的是感知问题、界定问题并分析问题。

◇ 感知问题：有什么问题？是什么问题？它确实是个问题吗？是谁的问题？

◇ 界定问题：这是对问题可能性的限定，即问题的范围。

◇ 分析问题：把问题分拆成各个部分，研究问题是怎么组合在一起的，努力了解更多的问题。

第三步，衡量问题的轻重缓急。

对问题的轻重缓急进行分析，是很有必要的。每个企业总会有着很多问题要解决、很多事情要处理、很多工作要做，因此，一方面，不阐明问题的重要性，就无法引起参会者足够的重视，不分析清楚问题的轻重缓急，就无法及时处理问题，另一方面，同一时间出现了无法同时处理的多个问题，也需要做这样的分析和排序。

第四步，想出新点子。

这个步骤要鼓励大家踊跃发言，关键就是要激发参会者的创造性而不急于下定论。"头脑风暴法"是这一阶段的很有效的方法，其规则就是：让每个人尽可能地提出自己的主意，同时不允许对提出的主意进行批评或评估，除非这项工作结束。

第五步，评议新点子。

经常发生的情况是，参会者不先寻找共同的评估标准，而直接对可选方案进行评估。这种做法相对不太重要的决策是可以的。如果进行一个重要决策，要让大家列出每个可选方案的优缺点。这种方法可以保证大家对每个方案的方方面面都能检查到。一开始不要担心出现互相矛盾的评估，把它们都记录下来。有时，当所有的可选方案都用这个方法检查完时，最合适的方案就会出现。

设立一个规则：在对某条意见提出批评之前，每个人必须先说出对这条意见喜欢的方面。而主持人要不断提醒并督促大家多说喜欢的方面（"你对这个意见还有哪些喜欢的地方"）。当大家被推动着寻找某个方案的长处时，他们就会被迫打破定势思维而去思考别人的观点。同时，这样做还可以使提出该意见的人免受打击。提出批评意见的人在说了许多喜欢的方面后，再把不喜欢的方面作为忧虑说出来："我对这个意见喜欢的方面是……，但我的担心是……"

第六步，确定行动纲领。

最后，需要在主持人的主持下，以某种方式将行动纲领定下来：它可能是几项建议的集合体，也可能直接采纳了某个建议；它可能是立刻可以执行的方案，也可能还需要进一步考虑才能确定。完成这一步骤，问题也就讨论出解决方案，或者已经取得了本次会议所能达成的最大成果了。

第六章

金字塔第三层：
标准化的例会

"今天我们开个例会，"刘静眼光扫过在座的各位同事，有点不自信。虽然看到李标、欧阳、吴总都在微笑着鼓励她，多少还是有点不习惯，毕竟以前都是她的头儿欧阳主持会议，可今天更大的头儿吴总都坐着当普通一员呢。

"咱们这个会议梳理的专题项目，已经覆盖到战略类会议、经营类会议，一些例行的会议也开始进行梳理了，不管是部门内的例会，还是部门间的例行会。"刘静讲着讲着，心情逐渐放松下来。

"而我们今天也是个例会，是这个专题项目中的例会，我先公布会议主题：回顾分享这段时间做会议梳理的体会。至于为什么欧阳提议要在马勒别墅来开这个会，就是让大家畅谈、共享、头脑风暴。"

刘静回头指了一下背后专门从公司带来的白板，说："怎么样，会前功课都做了吧？这个例会的规则要注意什么，我就不老生常谈了，现在每人一摞报时帖，写好一页就把作业贴在白板上吧。"

不一会儿，白板上的黄色小纸条多起来，如图6-1所示。

欧阳不由点头，看来，大家都去搜罗了不少"头脑风暴例会"的经验来，对于今天这个会的规则，大家已经有共识了。

"那么，现在就开始吧，我先谈谈这段时间梳理会议的感受。"刘静狡黠地一笑，"不过，我是讲个故事。"

看到听众眼前一亮，刘静兴致更高了，侃侃而谈："昨天晚上我哄女儿睡觉，给她讲《爱丽丝梦境幻游记》。说爱丽丝

图6-1 参会者搜集的"头脑风暴会"的规则

这个小姑娘,掉到兔子洞里去了,她就迷了路。狡兔三窟,兔子洞里当然岔路口很多了。爱丽丝站在岔路口,不知道该往哪里走。她看到岔路口蹲了一只兔子,就向兔子问路。这只兔子可是个哲学家,你猜它说什么?——它说,你走哪条路,取决于你要走向何方。"

李标第一个明白过来,接口说:"其实,咱们花精力来整理会议体系,我觉得也是取决于我们是要做哪种企业,是做时间触发的企业,还是事件触发的企业。"看到"时间触发"和"事件触发"这两个词吸引了吴总的注意,李标一回身把这两个词写在黄色报时帖上,也粘在了白板上。"所谓事件触发,这在很多企业都是大量存在的,每个人都在忙于完成领导临时布置的工作,所有的人都沉浸到具体事务中,人人都是拍脑袋决策，然后去紧踩脚后跟。表面上看，好像是企业执行力很强，好像是每一件事都高效地解决了，但实际上，整个企业的运转是低效的。

"而时间触发，是力图把一个企业混乱的事务条理化，典型的例子是例会制度。各种战略会、经营会也是这样，按照计划、节拍来，所有人从浮躁、忙乱中沉淀下来，逐渐让企业从无序走向有序。大家注意到没有，一家时间触发的企业，很多工作是各位'助理'根据规定来触发的，而不是各级'老总'来触发。

"当然，这个节拍不是死的。'时间触发'同时还包括'条件触发'，就是说，建立企业的预警机制，比如销量一旦降低1%，就会触发一系列的处理。这个1%定的时候合适、触发哪些处理，这是企业经验、企业知识长期积累的结果。如果能逐步把企业的各种'触发条件'找出来，并通过机制不断完善，企业会更加有序，可帮助企业管理者很好地掌控'变'与'不变'的平衡。"

欧阳心想："李标这人就是搞报表搞多了，说话太书面化，不过，头脑风暴会就是不评论不否定，不妨自己来转转气氛吧。"于是他说："我也给大家讲个故事，也是关于李标讲的标准化、有序化的事情。说世界上收费最高的咨询顾问如何做咨询，企业愿意一天支付给他100万日元……"

"啊？折合人民币后一天约7万元？"刘静不由脱口而出。

"对，这个人叫大前研一。比如，他给大众汽车做咨询，大众汽车的汽车销售队伍有12000人。而有的人一个月卖9辆车，有的人连一台都卖不出去。大前研一说，我就是来问问这个为什么。他会拿着录音机，去跟踪那些销售明星，看他们怎么与客户打招呼、怎么打电话不会让客户觉得是骚扰。他也会去跟踪那些销售明星的经理，看他们是不是在管理上有什么诀窍。当然，他也会去全天观察那些一个月卖0辆的吃干饭的家伙。最后，他整理所有的经验、教训，形成一本'大众汽车销售实地工作标准'，让12000人按照这个标准来做。大前研一说，这就是管理科学的力量。"

　　李标接过欧阳递来的一张黄色报时帖，帮他贴在白板上，上面写了"12000人的标准"几个字。一页页的黄色小纸条，好像一团团活跃的思绪火花，像有了魔力似的，彼此吸引着、簇拥着、激荡着，在白板上越贴越多，蔓延铺展开来。

　　就在这时，李标突然想起来什么，急忙说："你提醒我了，我到沃尔玛超市买东西，他们的客户服务原则可不是什么大原则大口号，而是每个工作人员面对消费者，要做到：相隔三米，露出八颗牙。

　　"你看，把怎么微笑都能标准化到这个程度。还有GE公司，他们也强调标准，不过各项标准不是从高层来，而是推崇一种开放的企业文化，也就是群策群力，特别鼓励从基层提出改进、分享经验和教训、不断维护各项标准的持续改进。他们也用到咱们这种黄色小纸条，放在GE的咖啡吧、办公室、会议室等，随处就能拿到，结果很多问题就反映上来了，很多标准化的提议就涌现出来了。他们说这种有魔力的黄色报时帖，促成了GE'让下级告诉老板怎么做事'。"

吴总不禁微笑起来，缓缓地抿口咖啡，也发了言："标准化、条理化，然后时间触发，这一切的循环，一切的源泉，都来自市场、来自基层、来自实践者。我的体会是，这些时间我们做的工作，就是把企业做成百年老店的根本啊。我也给大家讲个故事。各位知道，我为什么喜欢马勒别墅（如图6-2），还把这个地方介绍给欧阳吗？"

在座的人，包括欧阳，都是一副迷惑不解的表情。

"马勒别墅，这座具有北欧挪威建筑风格的别墅，原是英籍富商马勒的私人住宅。马勒1919年来到上海，以赛马为资本跻身于'跑马夜总会'，两三年后坐上了总会的头把交椅，继而经营航运和房地产生意，富甲沪上啊。

图6-2 像童话城堡一样的马勒别墅

"马勒有个小女儿，对她十分宠爱。他得知女儿有一个梦想，是非常渴望拥有一幢犹如安徒生童话故事中的城堡。爱女心切的马勒为了实现女儿童话般的梦想，同时也期盼自己的航运事业蒸蒸日上，很快就请来各方建筑师，根据童话故事中的描述，设计了这座用他的名字命名的私家花园住宅。这座别墅建于1927年，1936年竣工，正是有历史、快百年的老古董啊。"

"有梦想"、"有历史"、"百年老店"、"标准化才是百年大计"，欧阳等人看着写有这些字样的黄色的报时帖，不由陷入了深思。

如何提高例会效率：
六顶思考帽的技巧

的确，例会要开好，是需要一些技巧的，要避免出现以下现象：不是在面红耳赤的争论中不欢而散，就是在口是心非的妥协之后不了了之。

而J.P. Morgan国际投资银行的负责人说："六顶思考帽使我们的会议时间减少了80%，同时改变了整个欧洲的企业文化。"那么，下面我们就来看看英国思维学家爱德华·德·波诺先生首创的一套完整的方法——六顶思考帽。

简单地说，六顶思考帽是一套思维的工具，既可以用于个人思维，也可用于团队沟通，让人"带上帽子、放下面子、留下脑子、贡献点子"。我们这里主要是谈后者，即团队中人和人之间的沟通。

为什么需要"六顶思考帽"：
全面认识一个问题需要科学的方法

一群盲人，遇到了一种从没有见过的巨大动物——大象，他们希望通过触摸了解这个动物的长相。第一个盲人碰巧摸到了大象的鼻子，第二个人摸到了象牙，第三个人抓住了大象的耳朵，第四个人则抱住了大象的粗腿……讨论开始了，争论也开始了。每一位盲人都在努力描绘着自己摸到的大象的样子，各持己见，争论不休……

　　这是一个众所周知的寓言故事，但值得深入探究。这些盲人之所以会存在着认识上的分歧，有两个明显的原因：

◇　因为他们是盲人，不能用眼睛看——如果能用眼睛一眼看出大象的样子，争论就不存在了。——对于这个原因，盲人永远是盲人，我们无能为力。这种情况就像我们不可能让人一下子看清所有问题一样。

◇　因为在位置固定的情况下，他们触摸的范围是有限的，不能通过触摸感知到大象的完整形状。——对这个原因，我们却发现有明显的可以改进的地方：是否可以让盲人移动起来，换换位置？摸摸他人摸过的地方？沿着大象的鼻子、牙齿、耳朵、腿……一直摸下去，不就可以了解到大象的轮廓了吗？

　　一句话来概括：因为大象太大而盲人的感知能力有限，大家在自己的位置上各有所感，各执己见，才会争成一片。这和我们讨论一个大家都无法全面了解的问题时的情况是一致的，不顺畅、信息不全面的沟通环境，正像寓言中的几位盲人一样，只是管中窥豹，略见一斑。

　　到这里，问题似乎已经可以解决了。且慢！不要忘了，面对大象，我们都是盲人！大家只不过是偶然根据自己的站位摸到了大象的一部分，大家都没有摸到的部分怎么办？这样不就永远是未知了吗？

　　这实际上是一个如何才能全面地看大象的问题。全面地看大象很简单，有一个视力健全的人做指挥，大家遵循一定的步骤按顺序去摸大象的关键部位就可以了。如果把大象看成我们日常遇到的问题，这实际上是我们如何才能全面地认知事物的问题。

六顶思考帽正是爱德华·德·波诺先生提供给我们的一个通用的全面认识和分析问题的框架：六顶思考帽通过六种不同的角色扮演，激发人的想象力，提醒人们从不同的角度思考问题，形成全面看问题的思维框架。

◇ 白色思考帽：中立而客观的白色，提醒人在讨论问题之前检查数字和事实。我们有什么信息？我们需要得到什么信息？

◇ 红色思考帽：热烈的红色，提醒人在讨论中考虑人的感情因素，抒发情绪，表达感觉，利用直觉和预感。

◇ 黄色思考帽：阳光、乐观的黄色，提醒人从正面思考问题，发现问题的价值点、利益和希望。

◇ 黑色思考帽：严肃、阴沉的黑色，提醒人以谨慎的方式思考问题，发现潜在的风险、缺点，进行评估和判断。

◇ 绿色思考帽：生机勃勃的绿色，提醒人努力产生创意和新的想法，提出创造性的建议和思路。

◇ 蓝色思考帽：冷静的蓝色，提醒人控制讨论的过程，使用不同的思考帽达成讨论的目标。

到这里，我们发现从不同的角度思考问题似乎确实是一种可操作的方法。但有心的读者还会存在一个疑问：为什么是这六个角度，六顶帽子是否全面？

"六"顶帽子是否全面

工具是引导我们思考的,如果不够全面,就会造成遗漏,使我们不能深入地分析问题。这也是 AMT 咨询顾问常强调的"MECE 原则",即 Mutually Exclusive(No overlaps)/Collectively Exhaustive(No gaps),意为"相互独立,完全穷尽",不重叠、不遗漏——分解框架应该完全穷尽,相互独立。我们从日常经验入手来考察六顶帽子的全面性。

日常生活中,在与别人交流的时候,我们经常会面临讨论、说服、辩论的场景。而如何说服别人,有很多被我们挂在嘴边、耳熟能详的成语和俗语。最典型的莫过于下面的话:

◇ "晓以利害"、"胡萝卜加大棒"
◇ "动之以情,晓之以理"
◇ "没有调查就没有发言权"、"事实胜于雄辩"
……

"晓以利害"、"胡萝卜加大棒"说的是利害关系;"动之以情,晓之以理"说的是逻辑和感情都要关注;"没有调查就没有发言权"、"事实胜于雄辩",说的是事实基础的重要性。

与六顶思考帽稍加对比,我们就可以发现:"晓之以理"、"晓以利害"、"胡萝卜加大棒",说的就是六顶思考帽的逻辑上的黄帽和黑帽思维;而"动之以情",则是说要使用红色思考帽;"没有调查就没有发言权"、"事实胜于雄辩"说的则是白色思考帽的重要作用。

逻辑、利弊、事实、感情，是大家公认的考虑问题最基本的几个角度，这正好与黄、黑、白、红四顶思考帽相对应。

我们认为这四顶帽子是最常规、最常见的思维角度，但还不见得全面。巧妙的是，德·波诺先生用一顶绿色思考帽——创新思维的帽子，弥补了其他四顶帽子的不足，照顾到了其他四顶帽子可能考虑不到的角度。

最后，谁都不会否认，一个会议需要组织和控制，蓝色的帽子就应运而生了。于是我们就看到了六顶思考帽的关系全貌，如图6-4所示：

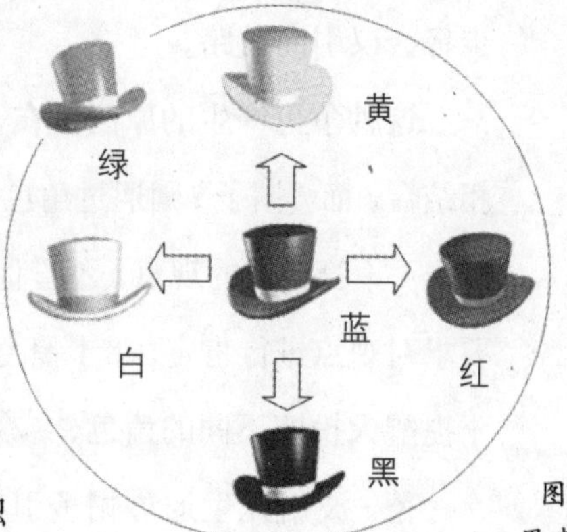

从分析的过程我们可以发现，无论是东方还是西方，人类的思维方式都是相通的，方法也是可以互相借鉴的。六顶思考帽的独特价值就在于将人类思考问题最基本的几种方式提取出来，引导人们有意识地去按照不同的模式进行思考。就像摸大象要沿着它的鼻子、象牙、耳朵、腿一直摸下去，看一个立方体要从上、下、左、右、前、后六个面看一样，我们可以从六个角度进行比较全面的思考。

图6-4 六顶思考帽的关系

为什么是六顶思考"帽"

至此，我们已经完全能够理解六种颜色的意思了，但为什么是六顶"帽子"呢?

六顶思考帽通过帽子引进了一种角色转换的方法。同时帽子容易戴上和摘下,使角色转换更加方便。

前面我们谈到引起盲人争论的两个原因,其实还有第三个原因,即:他们每个人都认为自己是对的,每个人都要维护自己的观点,批判别人的看法。这不仅涉及怎么看问题,还涉及每个人的心理感情因素。这种原因在日常的会议中更加常见:争论一开始是争是非,后来变成了争面子、"争口气",逐步将会议引向歧路。

这种争论产生的原因就在于讨论者将自己的观点和自我相结合,而"帽子"则通过角色扮演的方式将观点和自我分离开来:不管是谁的观点,不管你愿不愿意,带上黄色帽子,就要求对观点进行肯定,带上黑色帽子就要对观点进行批判。帽子提醒人扮演不同的角色。

德·波诺先生通过帽子引导人进行思维角色的转换,不仅巧妙地解决了争论的问题,更有力促进了参会者的积极参与性,充分发挥每个人的能力,真正做到集思广益,解决问题。

六顶思考帽的好处

总结一下,六项思考帽将人的思维分成了六种最典型的方式,用不同的颜色提醒人按照不同的方式进行思考,其好处在于:

◇ 完备的分解。在现实生活中，人由于自己的位置、观察问题的角度、个性感情因素、环境等方面的不同，容易从特定的、片面的角度看问题。而六项思考帽提取了六种最典型的思维方式，正如从六个面看一个物体一样，人可以通过这六个角度比较全面、完整地观察事物、认识问题。

◇ 将自我与角色分离。在会议中，当事人往往将自己的观点和自我相结合，对自己和别人的观点怀有喜好或批评的感情因素。最典型的就是维护自己的观点，批评别人的观点。而发言人的日常身份和地位也会误导与会者对其观点的评价。六项思考帽通过引入角色扮演的概念，将个人的自我身份与观点相分离。当一个人说出一种观点后，大家同时带上相同的帽子对观点进行评价，既可以深入地探讨，也可以避免冲突。因此可以说六项思考帽是让人"带上帽子、放下面子、留下脑子、贡献点子"，积极促进与会者进行深入的思考。

◇ 将讨论游戏化，使会议更趣味化、轻松化。六项思考帽减轻与会者的压力，使他们在轻松的氛围中放松大脑，使思想更敏锐、更深入。

◇ 引导注意力，轻松进行思维方式的转换。六项思考帽使人们能够清醒地控制和引导思维，清醒地认识到自己在用什么方式思维。在会议中，与会者要在不同的思维方式中对问题进行思考，六项思考帽通过颜色提醒人转换思维方式，通过帽子的戴上和摘下提醒人进行思维角色的转换。这样可以轻松地引导大家的注意力，实现角色的转换。

◇ 正面反馈、无对抗平行思维。六顶帽子要求大家在同一时刻带上同样的帽子往同样的方向进行思考，这样就会形成一种"合力"。与会者之间互相激励，产生更多更好的想法，促进思维走向深入。

◇ 使个人的思考无约束、更专注、更深入。六顶思考帽让每个人专心扮演不同的思考者，在同一时刻不用考虑问题的多个方面，而是专注于一个方面进行思考，这样也就更有效率。

六顶思考帽作为一种沟通的工具可以用于会议，但实际上它的用途并不限于会议沟通。对于个人而言，六顶思考帽也是一种非常有效的思维工具。广而言之，无论对一个团队还是个人来说，六顶思考帽都是一种不亚于甚至某些优势远胜于头脑风暴的创新思维工具。

标准化的例会：让企业稳定下来，积淀优秀元素

面对例会，一般人的第一个问题就是："有没有一种固定的模式，帮助我提高例会效率。"很抱歉，答案是"No"。虽然例会看上去比较呆板，但是不同的企业，不同的文化，例会的方法和模式都不尽相同。早期华为的例会更像军队会议，而万科的例会更像研讨会，但无论是什么样的例会，都需要去思

考以下问题：

◇ 对于周期性例会来说，业务运营中包含多少周期性的议题？每一个议题应当由哪些人来完成？会议的输入和输出是什么？

◇ 这类例行碰头会，什么情况有必要开？什么情况没有必要开？碰头会的目的是什么？不应该是什么？碰头会应该遵守怎样的会议规范？

◇ 哪些因素将影响会议的合并、调整、取消？在协调各类会议的时候，会议合并、调整、取消的原则是什么？

其实能够想清楚以上问题、形成决议并不难，难的是如何去执行和坚持，让这个会议系统保持稳定。畅销书《执行》其实谈的不是员工怎么做，而是说的企业和企业家如何创造一种执行的文化和环境。因此企业的例会系统应该是系统的、相互联系的、相互监督的。例会开不好，例会不按照流程来开，就可能导致运营会议无法开展；运营会议开不下去，战略会议就是空中楼阁。如果员工清楚地知道例会的作用，那么谁还敢溜号、走过场呢？

经典案例：W公司的ERP项目例会制度

一、会议原则

1．会议必须要有主持人、联系人，主持人明确召集对象、会议主题、会议资料，由联系人负责会议通知、资料发放；

2．会议要有明确的议题，切实做到通过会议解决实际问题；

3．解决项目重大问题，要事先（至少提前30分钟）将会议议题和会议议程通知参加会议人员，并要求参会人员做充分准备；

4．要充分发扬开放的文化，让列席的人充分发表自己的观点和意见；

5．会议要形成决议，不开无结果的会，一时形不成决议的，可让到会人员进一步研究，下次会议再讨论和复议；

6．会议决议确定时，依据项目组织原则，先民主后集中，不采用表决制；

7．决议一旦明确，由会议确定执行人和完成时间，坚决执行，在执行中遇到问题要及时报告；

8．会议要有专人记录，记好会议时间、地点、主持人、参加人员、会议进程、讨论情况、会议决议和决议执行人，决议执行后要跟踪执行情况；

9．会务工作由会议纪要员负责：签到、记录和整理会议材料；

10．在会议进行过程中，会议纪要人员必须使用标准的会议纪要模板来做正式记录。每次的会议纪要文档必须在会后12小时内提交到信息共享文档中，让团队成员共享，并随时查阅。

二、会议议程

1．由召集人报告应出席人数，实际出席人数；

2．项目计划回顾；

3．项目工作小组工作进度报告（当前进展描述）；

4．项目当前存在风险列举（预测的问题）；

5．上述风险解决方案与消除机制（全组讨论）；

6．安排后续工作，明确期望完成日期；

7．确定下次会议日期，散会。

三、会议分类

1．阶段性例会

（1）输入文档：签到表、会议议程、阶段工作计划、项目进度报告、问题列表、历史记录；

（2）输出文档：会议纪要、更新的阶段计划、更新的问题列表；

（3）会议内容：

① 本期工作总结及下期工作安排；

② 项目重大问题决策讨论；

③ 问题及风险研究；

④ 下一步工作计划安排。

(4) 出席人员：

① 项目领导小组或其他高级管理人员、项目组负责人；

② 与议题有关的中层干部（部门经理、分公司经理）、项目组成员。

(5) 主持人：项目经理；

(6) 周期：

① 每半月一次，或每周一次；

② 周例会安排在每周四下午16：00-17：00举行。

2. 项目委员会办公会议（碰头会）

(1) 输入文档：签到表、会议议程、项目进度报告、问题列表、历史记录；

(2) 输出文档：会议纪要、更新的问题表、行动计划；

(3) 会议内容：

① 各部门本周项目进展及工作汇报；

② 各部门下周工作安排、各部门间工作协调。

(4) 出席人员：

① 项目领导委员会成员（含项目领导小组）；

② 公司各部门经理或分公司负责人。

(5) 主持人：项目经理；

(6) 周期：根据项目阶段需要进行。

3．计划调度会

（1）输入文档：签到表、会议议程、阶段工作计划、项目进度报告；

（2）输出文档：会议纪要、更新的阶段计划；

（3）会议内容：各类计划制定、讨论、会审、批准、检查、变更及资源调度；

（4）出席人员：项目领导小组、各部部长、项目组成员；

（5）主持人：项目经理；

（6）周期：根据实际需要随时召开。

4．审议（决策）会议

（1）输入文档：签到表、会议议程、须审议问题列表、初审文件、历史记录；

（2）输出文档：会议纪要、已签署或审议通过文件、决议草案等；

（3）会议内容：专设对项目重大事项决策进行审议；

（4）出席人员：项目领导委员会成员、项目领导小组、相关部门领导、项目组成员；

（5）主持人：项目经理；

（6）周期：根据实际需要随时召开。

5．工作汇报会

（1）输入文档：签到表、会议议程、工作总结报告、阶段计划；

（2）输出文档：会议纪要、工作计划指导建议；

（3）内容：项目组向上级汇报指定内容；

(4) 出席人员：项目委员会成员、项目领导小组成员、项目组相关成员；

　　(5) 主持人：项目经理；

　　(6) 周期：根据实际需要随时召开。

　　6．鉴定、评审、论证会

　　(1) 输入文档：签到表、会议议程、待鉴定或评审文件(方案)、历史记录；

　　(2) 输出文档：会议纪要、鉴定或评审结果、决议文件等；

　　(3) 内容：根据工作对象具体确定；

　　(4) 出席人员：有关领导、项目领导小组、专家教授、项目组成员；

　　(5) 主持人：项目经理；

　　(6) 周期：根据实际需要不定期召开。

　　7．专题、研讨会

　　(1) 输入文档：签到表、会议议程、专题描述与问题表；

　　(2) 输出文档：会议纪要、解决方案与结论文档；

　　(3) 内容：就某一问题研讨，会后明确讨论结果；

　　(4) 出席人员：根据项目需要通知有关人员和宣传小组成员；

　　(5) 主持人：相关项目主管；

　　(6) 周期：根据实际需要随时不定期召开。

　　8．培训会

　　(1) 输入文档：签到表、会议主题、专题描述；

　　(2) 输出文档：会议纪要、培训满意度调查表、培训内容

作业考试、考核表;

(3) 内容:培训内容;

(4) 出席人员:项目有关人员(不固定);

(5) 主持人:根据培训主题确定;

(6) 周期:根据项目需要展开。

四、会议流程

图6-5就是W公司的会议流程。

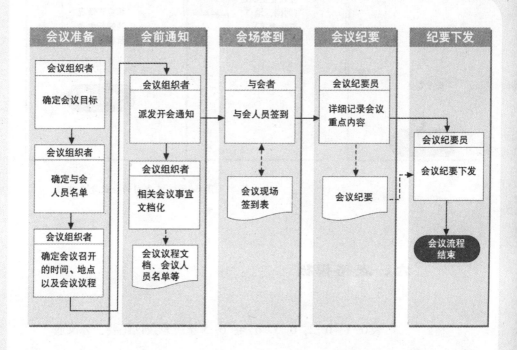

图6-5 W公司的会议流程

五、会议变更流程

图 6-6 就是 W 公司的会议变更流程。

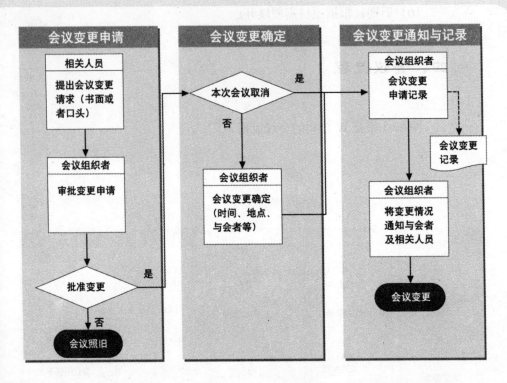

图 6-5　W 公司的会议变更流程

六、表格模板

表 6-1、6-2、6-3、6-4、6-5 分别为会议纪要、会议通知、会议签到表、周工作计划、文档分发表的表格模板。

表6-1 会议纪要模板

会议纪要　　　　　　　　　　　　时间：_____

　　　　　　　　　　　　　　　　地点：_____

会议名称：_____

会议类型：_____（周例会、头脑风暴会、自由交流）

主持人：_____会议纪要人：_____

联系人：_____联系电话：_____

出席人员：_____

列席人员：_____

缺席人员：_____

纪要接收人：_____

会议内容

编号	发言人	内容
1		
2		
3		
4		

形成的决议

编号	决议内容	责任人	完成时间
1			
2			
3			

备注：

实施ERP，推进流程化，提高执行力

表6-2　会议通知模板

会议通知　　　　　　　　　　　　　时间：
　　　　　　　　　　　　　　　　　　地点：

会议主题：

会议目的：　　　　　　目标1

　　　　　　　　　　　目标2

　　　　　　　　　　　目标3

　　　　　　　　　　　目标4

会议类型：　　　　　（周例会、头脑风暴会、自由交流）

主持人：　　　　　　会议纪要人：

联系人：　　　　　　联系电话：

参加人员：

会议准备：

　　　1.

　　　2.

　　　3.

会议日程：

ERP，推进流程化，提高执行力

表6-3　会议签到表模板

会议签到表　　　　　　　　　　　　　　时间：

　　　　　　　　　　　　　　　　　　　地点：

会议主题：

应到人员	实到签名	时间	应到人员	实到签名	时间

表 6-4　周工作计划模板

项目第 X 周工作计划

文档编码：　　　　　　　编写日期：　年　月　日

起止日期：　年　月　日至　　年　月　日

编写人员：

序号	时间	地点	任务	需准备工作	负责人	参加人	任务完成后须提交物	备注
01								
02								
03								
04								
05								
06								
07								
08								
09								
010								
011								
012								
013								

说明：

表6-5 文档分发表模板

文档分发表

文档名称： 　　　　　　　　文档编号：

分发时间： 　　　　　　　　分发人员：

序号	姓名	分发对象类型
		项目指导委员会
		项目组
		功能小组

第七章 从会议到报表

李标走进欧阳的办公室，有点垂头丧气。

欧阳打趣道："怎么啦，最近'感情秘书定时闪'不灵了？和女朋友闹矛盾了？"

李标没好气地说："不是和女朋友闹矛盾了，是下面的基层单位给我起外号。我听到他们喊我'标哥标哥'，一开始还以为是他们佩服我呢。仔细了解，原来他们说的是'表哥'！说我主管细分市场统计分析以来，天天找他们要报表，结果，我就成了表哥了！"

"噢？"欧阳脑海中迅速浮现出"盘点"这个熟悉的字眼，问李标，"那你盘点过吗，我们有多少种报表？"

李标递过一页纸，上面写了不少的数字，如图7-1所示：

除财务公开报表外，主要的管理报表共计134个，其中提交给CEO 88个、VP 128个。

销售季度分析报告，约80张报表；

产品季度分析报告，约60张报表；

财务季度分析报告，约30张报表；

其他整合型、补充型报表……

图7-1 李标感到"公司报表满天飞"

李标说:"我今天就是想来说这件事的。我觉得,会议梳理专题虽然告一段落了,但我们这个专题小组还要工作下去,会议、报表、流程,都是关联在一起的,是个系统工程,我看这个罗马城不可能一天就建成,咱们还要一点点深挖下去。"

"好想法。李标,你知道我为什么欣赏你吗?"欧阳无意识地用起来吴总和自己谈话的口吻,"你啊,是埋头拉车、不忘抬头看路。经过今天的会议梳理,我现在是更有信心了,这个车,我们再整合一些力量,一起来拉,这条路,我们一起来看。表哥,你看如何?"

关于报表的"一声叹息"

欧阳和李标说的没错,关于报表,的确有很多"叹息":

◇ 作为公司领导班子成员,每月看大量报表;作为部门经理,每月花大量时间应付各种报表的填报;基层人员则经常碰到不同"上级婆婆"要的重复报表(如图7-2所示),填写一次又一次,也难怪他们把上面的人叫做"表哥"了。

◇ 报表满天飞,高层还是不够用。报表内容缺少针对性,对决策目标的支持并不明确。有时候报表来了,最好的决策时机已经过去了。

◇ 交上来的报表堆砌事实，不加提炼，希望到会议上来谈。结果高层靠个人消化了这些数据，给大家一个结论。

◇ 出了问题和偏差乱找借口，每次解释的原因都不一样。

◇ 报表做出来后，没有人真正去关注，看看就算过去了，没有反应。

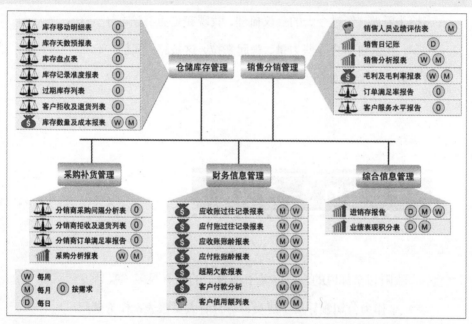

图7-2　基层经常要为不同的上级提交重复的数据、报表

如图7-3所示，企业的战略如何落实到流程，如何从流程上提取关键考核指标（Key Performance Indicator，简称KPI），而不是把企业目标直接分解到部门，结果导致部门扯皮更严重。这里还有很多的功课要做，直至把KPI汇聚成报

表，把会前、会中、会后的报表模板化，纳入到会议的标准化体系中去。

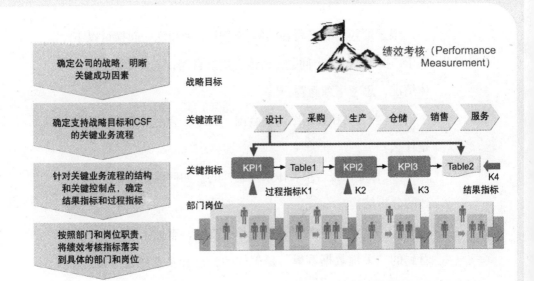

图7-3 从战略到流程、到关键绩效指标（KPI）

自测题：
你是否系统思考过"报表"的十个问题

限于篇幅，我们将在后续书籍中继续和您一起探讨以下关于"报表"的十个问题。请读者进行自测，结合贵单位的具体情况，思考下列问题：

◇ 当会议和数据结合，会前、会中、会后所需要的报表是什么？

◇ 标准化报告报表体系是怎样的？如何建立企业上下一致的分析结构？

◇ 吴总作为总经理，欧阳作为总监，李标作为经理，要看到的"关键数据看板"是怎样的？这和企业的财务系统、ERP系统、商务智能系统是什么关系？

◇ 如何通过报表来不断积累和发现那些影响企业发展的长期因素？

◇ 如何把握决策目标和时机，提供有针对性的数据支持？

◇ 如何在每一个业务领域建立起稳定的分析结构和方法？

◇ 如何从报表到提供行动建议，供高层做选择题而不是分析题？

◇ 如何真正利用报表，定期对偏差进行分析和纠正？

◇ 很多实施了BI（商业智能软件）的企业对BI实施结

果不满,原因是:BI软件商实施的时候,是让客户提需求,拿出具体的表格,而没有一个需求分析和挖掘的过程,结果BI分析的高度及凝练度不够,这种情况怎么补救?

◇ 如何结合BI和KM(知识管理)软件工具,将各种经营分析结果定期推到高层管理者面前?

看来吴总、欧阳、李标、刘静、艾小莉的故事,还要继续下去……

AMT 图书系列
——企业战略价值如何落地

我们常听到企业一把手在大会上提出宏伟的目标：2008年奥运会前，销售收入翻一番；2010年前，把分销网点从2000个增加到5000个；打造"以市场为导向、以客户为中心"的企业；成为细分市场的绝对领先者；实现从财务控制型到业务创新型的转变……

这些目标能实现吗？当然有可能！中国正处于黄金十年发展期，企业一把手长期历练的经验和直觉的判断也有助于这些目标的实现。

这些目标怎么实现呢？不知道！中层领导不知道，基层员工也不知道，甚至连企业一把手也有顾虑：很可能是"打哪儿指哪儿"，而不是"指哪儿打哪儿"。

每个企业在实现战略目标的过程中，都会经历这样的阵痛：

◇ "断层"。

高层提出宏伟的战略目标，基层也在加班忙碌，但就是实现不了销售收入翻几番的目标，中间缺了"运营管理"的环节。

◇ "只有能人执行力，没有企业执行力"。

企业的执行力，要靠"运营＋信息化"的体系来实现，否则，能人的来来去去，对企业的影响非常大。

◇ "管理和IT的两张皮"。

对于信息化，不知道怎么投钱才能有理想的投资回报率。

如何把企业的战略目标执行到底，从而真正地实现价值落地，成了企业的战略制定者（一把手）、战略执行者（各位副总、总监、部门经理和基层人员）心中挥不去的痛。

围绕着企业战略价值如何落地的问题，AMT结合多年来为企业提供咨询服务的经验，提出了"运营＋信息化"的全面解决方案，为企业提供全程的服务，切实帮助企业做大（2004年中国工业企业100强中的54家是AMT的客户）、做强（CCTV年度经济人物评选中，1/3的人物所在企业是AMT客户）、实现现代化（中国优秀CIO评选中，1/3的入围者所在企业是AMT客户）。

本套书系（参见文末"AMT作品阅读地图"）和企业一起探寻企业运营发展中至关重要的问题：战略目标如何落地，通过"AMT观点"的引导，分别展开为三个系列：战略执行系列（参见文末"战略执行系列阅读地图"）、流程价值系列、IT融合系列。

"AMT观点"汇集AMT多年来在企业咨询服务中沉淀下来的实践智慧，涵盖战略执行、企业经营分析、企业会议体系、流程架构、流程持续改进、高效沟通、供应链设计、IT规划、IT投资与回报等诸多企业经营主题。

战略执行系列

战略执行系列将回答这样一个问题：决策管控上，怎么确保战略得到分解和执行？

"高层战略大又高，底下奔波够不着"，这是许多企业经常面临的烦恼。企业一把手已经提出奋斗目标，各总监、CXO怎么确保目标得到落实、怎么做出业绩？采购、研发、营销、物流等几个企业价值链主体内容的运营该如何优化？

《像运营总监一样思考》、《像项目总监一样思考》、《像企管总监一样思考》、《像物流总监一样思考》、《像产品总监一样思考》、《像采购总监一样思考》等将从这些总监们的角度全面剖析这些问题，并提出切实可行的解决方案。

本系列还涉及经营分析体系的设计，其中包括企业会议体系如《别让会议控制你》、企业报表体系如《别让报表折磨你》等，皆为本系列中的内容。

本系列还从战略执行的重要角色——向经理人过度中的业务骨干——自身修炼的角度着手，来锻炼优秀经理的思维能力，如《第一年当经理》、《像咨询顾问一样思考》等丛书。

流程价值系列

许多企业常会面临这样的烦恼："同行赶超快又猛，竞争武器哪里找？"

实际业务中，怎么对竞争对手构成真正的杀伤力？

流程价值系列将回答这个问题。

流程价值系列与读者分享流程价值实现的各种经验。您如果想全面了解"流程管理"，可阅读《流程管理》一书。若您的企业已经开始强调流程，还考虑设立"流程专员"、"流程经理"、"流程接口人"等岗位，作为其中的一员，您如何高效完成高层的要求呢？怎么成为这些岗位的专业人士呢？这些问题会在《流程经理精进训练》、《从ISO到流程管理》、《知识管理》、《知识管理中国实践》等书中得到详细解答，您会找到来自实践的宝贵财富。

IT 融合系列

协同作战时,怎么借助 IT 来形成合力?

IT 融合系列将回答这个问题。

"同事扯皮又推诿,怎能拧成一股绳?"相信您经常会有这样的烦恼。您的企业也许已经上了一些软件,诸如 ERP、CRM、OA 等,也许正准备上一些软件,各部门却抱怨各种软件成了孤岛,那么怎么结合企业实际来整体规划 IT?怎么让一个个 IT 项目带来投资回报?《IT 规划与投资回报》将为您回答这些问题。如何做到 IT 与业务紧密结合?可参照《信息主管案头手册》一书。IT 经理怎么客观评估企业信息化的应用现状、未来,以及怎么让所有人都称赞 IT 部门的工作?《IT 评估与信息整合》一书将会有详尽的介绍。

AMT 秉承"专业实用、为您着想"的理念,提供"运营+信息化"的全程服务,为您创造实实在在的价值。

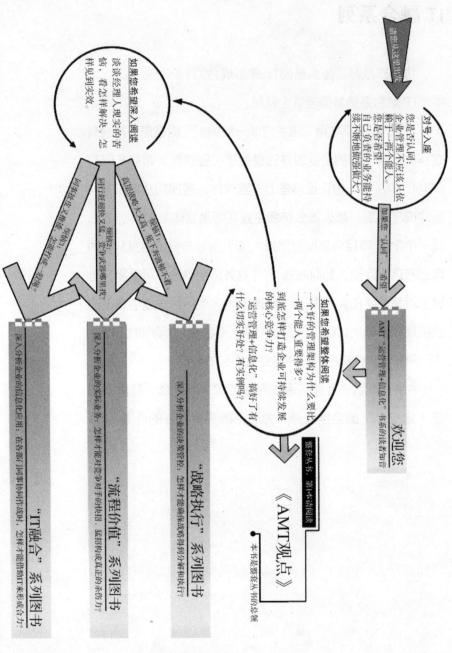

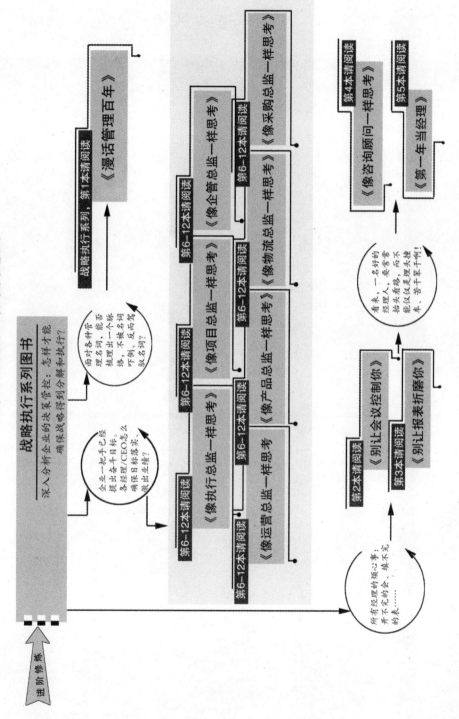